A Vitória

Quando o Amor e a Verdade Vencem as Ilusões

Viviani Cláudia Florêncio
Pelo Espírito Samuel

A Vitória

Quando o Amor e a Verdade Vencem as Ilusões

© 2012, Madras Editora Ltda.

Editor:
Wagner Veneziani Costa

Produção e Capa:
Equipe Técnica Madras

Revisão:
Arlete Genari
Aparecida Pereira S. Maffei
Samantha Arana

Dados Internacionais de Catalogação na Publicação (CIP)
(Câmara Brasileira do Livro, SP, Brasil)

Samuel (Espírito).
A vitória: quando o amor e a verdade vencem as ilusões/pelo espírito Samuel; [psicografia de] Viviani Cláudia Florêncio. – São Paulo: Madras, 2012.

ISBN 978-85-370-0808-9

1. Espiritismo 2. Romance espírita I. Florêncio, Cláudia. II. Título.

12-11270   CDD-133.9

Índices para catálogo sistemático:
1. Romance espírita: Espiritismo 133.9

É proibida a reprodução total ou parcial desta obra, de qualquer forma ou por qualquer meio eletrônico, mecânico, inclusive por meio de processos xerográficos, incluindo ainda o uso da internet, sem a permissão expressa da Madras Editora, na pessoa de seu editor (Lei nº 9.610, de 19.2.98).

Todos os direitos desta edição reservados pela

MADRAS EDITORA LTDA.
Rua Paulo Gonçalves, 88 — Santana
CEP: 02403-020 — São Paulo/SP
Caixa Postal: 12183 — CEP: 02013-970
Tel.: (11) 2281-5555 — Fax: (11) 2959-3090
www.madras.com.br

Índice

Capítulo 1
Desespero 9

Capítulo 2
O Orfanato 15

Capítulo 3
A Rotina 23

Capítulo 4
O Desabafo de Anderson 29

Capítulo 5
Discussão em Família 35

Capítulo 6
O Sobrinho Beberrão 39

Capítulo 7
O Encontro com Senhor Fausto 47

Capítulo 8
A Briga na Lanchonete 51

Capítulo 9
A Visita no Orfanato 57

Capítulo 10
A Fraqueza de Anderson 63

Capítulo 11
O Desespero de Dulce 71

Capítulo 12
A Enfermidade de Dona Ita 77

Capítulo 13
Fragmentos do Passado 83

Capítulo 14
Encontrando o Amigo 89

Capítulo 15
A Família de Jacinto 95

Capítulo 16
A Paixão de Luciano 101

Capítulo 17
A Traição de Fábio 107

Capítulo 18
A Recuperação de Dona Ita 113

Capítulo 19
As Forças Benéficas da Oração 117

Capítulo 20
O Pedido de Casamento 125

Capítulo 21
Ânimos Acirrados 129

Capítulo 22
A Desconfiança de Fausto 133

Capítulo 23
A Doença de Anderson 141

Capítulo 24
A Revelação de um Passado Cruel 145

Capítulo 25
    As Visitas ao Enfermo 151

Capítulo 26
    A Traição 157

Capítulo 27
    A Fuga 165

Capítulo 28
    Final Feliz 171

Capítulo 1

Desespero

Anderson caminhava a esmo, sem saber para onde ia, entre as ruas escuras e quase vazias de sua cidade. Sabia que era perigoso o lugar, principalmente, na madrugada. Mas ficar sozinho e fugir de todos e de tudo era o que mais desejava.

Sentia-se a mais desafortunada das pessoas e assim, com pensamentos angustiantes, caminhava ao léu. Chegou ao final de uma estrada, o lugar não tinha saída, estava fechado para obras. A prefeitura da cidade de Vitória, no Espírito Santo, estava construindo uma ponte no local. As escavações eram de grande porte. A nova obra iria ajudar no tráfego de um bairro a outro. Entre os maquinários ali parados, Anderson escolheu um e encostou-se nele. Seus pensamentos vagavam, aflições minavam-lhe a alma, queria dar um fim ao seu sofrimento. De que adiantaria viver? Para quê? Indagava para si. A felicidade era apenas para alguns, concluiu.

Anderson tinha 24 anos de idade, estatura alta, branco, cabelos pretos e lisos, olhos castanhos-claros. Ele era muito bonito e simpático, porém não tinha família. Foi abandonado em um orfanato na mesma cidade, logo que nasceu. Os funcionários da casa ajudaram na escolha do seu nome e na sua educação. Às vezes ia visitar uma velha senhora no orfanato, dona Benedita; ela era a dona do casarão e lhe deu carinho e atenção, cuidando dele desde pequeno. Os amigos a chamavam de dona Ita e as crianças, de mãe Ita.

Dona Benedita era uma senhora negra, sexagenária; seus cabelos grisalhos davam-lhe um charme todo especial. Sua simpatia, meiguice e seu falar manso cativavam a todos. As pessoas que a conheciam tinham-lhe grande estima e admiração.

Ele mesmo, envolto em seu desespero, lembrou-se dela e lágrimas teimosas e silenciosas lhe rolaram pela face. Ela, que tanto confiava nele, mas agora só podia-lhe oferecer seu fracasso. Como olhá-la de frente e enfrentá-la?, indagava para si.

Anderson saiu do orfanato quando completou 18 anos. Arrumou um emprego na fábrica de sapatos do senhor Fausto, a pedido de dona Ita; entrou como *office-boy* e, à medida que estudava e esforçava-se, foi mudando de cargo, ganhando a confiança do empregador. Com o fruto do seu trabalho conseguiu formar-se em Administração e também fez um curso de inglês. Ele era inteligente e aprendia com facilidade.

Tinha vários amigos, mas, dois eram especiais. Um deles chamava-se Luciano, rapaz extrovertido, simpático, era o mais baixo dos três. Gostava de se vestir bem, chamar a atenção das moças e de contar vantagem. Tinha um cuidado especial com os cabelos, comprava xampus caros para o tratamento capilar. Eram loiros, lisos e repartidos ao meio. Graças aos cuidados que tinha, eram sedosos e brilhantes.

Seu outro amigo era Waldemar, jovem de estatura mediana, cabelos e olhos castanhos-escuros, mulato; sua simpatia era espontânea e cativante, vinha de uma família pobre e humilde, conseguiu com muito sacrifício concluir o Ensino Médio.

Anderson, olhando para a ponte em construção, lembrou-se dos amigos e também de seu amor, e isso lhe feriu fundo a alma. Christine era uma jovem bela, seus olhos verdes e brilhantes chamavam a atenção; tinha muito capricho com os cabelos, tingia-os regularmente para que ficassem sempre negros e cursava a universidade. Seu maior sonho era formar-se em Direito. Era filha de uma das professoras do curso de inglês, foi assim que ele a conheceu, porém a beleza da jovem chamou a atenção de outro rapaz, Fábio. Ele vinha de uma família rica e tradicional da cidade, tinha cabelos loiros e olhos azuis; seus dentes eram perfeitos, dando-lhe um sorriso todo especial. Ele tentava de todas as maneiras conquistá-la, despertando assim grande rivalidade entre os dois rapazes.

Retornado das suas lembranças, Anderson estava com sua mente perturbada e deprimida. Pensava apenas em uma coisa: acabar com o sofrimento que sentia. Entre os maquinários encontrou uma corda grossa, pegou-a. Essa era a solução. Sabendo do trágico intento, infelizes desencarnados o rodeavam incentivando-lhe o ato deplorável.

Tinha sido despedido pela manhã. Anos de dedicação à empresa desde a adolescência não foram suficientes. Em sua mesa havia uma carta anunciando a dispensa, seu grande amor o traíra, fora trocado por outro. Olhando para o horizonte, meditou.

Perdera o emprego, a amada, não tinha família e fora acusado injustamente, estava só. Que mais lhe restava? Nada, a não ser o suicídio, afirmou. Pegando a corda, procurou um lugar alto para iniciar o ato insensato. Porém, Anderson não estava só como pensava; amigos espirituais oravam por ele. Seu Mentor o acompanhava passo a passo tentando o chamar à razão, mas em virtude das próprias vibrações negativas e obscuras em que estava mergulhado, não ouvia o chamado.

Dona Ita estava muito preocupada; há semanas não recebia a visita de Anderson. Ele nunca fizera isso. Visitava-a constantemente, tinha por ela imenso carinho. As duas semanas em que não o vira deixaram-na muito apreensiva. Tentou naquela manhã saber notícias dele e descobriu que tinha sido despedido do emprego; por meio de amigos dele soube também que ele não se encontrava em sua casa desde manhã.

A bondosa senhora não sabia o que fazer. Acreditava que Anderson estava em perigo e era necessário ajudá-lo, e rápido. Como faria? Não sabia, mas o ajudaria.

A noite era de lua clara e de muito calor. Resolveu sair do orfanato e procurá-lo. Seria difícil achá-lo, mas tentaria. Perguntaria para alguns amigos dele que ela conhecia, até encontrá-lo. Decidida, ela pegou o seu véu negro e colocou na cabeça, encobrindo os cabelos grisalhos pelo tempo, e saiu sozinha sem avisar a ninguém.

Waldemar trabalhava na empresa com Anderson e soube da demissão. Foi ele que avisou a dona Ita. Tentou falar com o amigo, mas não conseguiu. A situação era constrangedora e infeliz. Achou melhor deixar para conversar com ele no final do expediente. Sempre se encontravam na lanchonete para confabularem após o trabalho. Waldemar esperou impaciente o dia terminar. Foi para a lanchonete, esperou por Anderson, que não veio. Perguntou por ele para alguns colegas. Ninguém sabia do seu paradeiro.

Decidiu ir à casa do amigo. Chegando à pequena residência, chamou-o por várias vezes, batendo palmas na frente da casa. Não obteve resposta. Soube pela vizinha que a casa permaneceu vazia o dia todo. Sabendo de antemão dos problemas que afligiam o amigo, Waldemar ficou apreensivo e temia pelo pior. Há tempos notou que ele andava nervoso, distraído e, em razão da desatenção, cometia pequenos erros na empresa que acabaram em sua dispensa, supôs. Anderson poderia estar em qualquer lugar, mas onde procurá-lo?, perguntou para si.

Visivelmente preocupado, decidiu telefonar e conversar com Luciano. Ao telefone explicou rapidamente o ocorrido. O jovem também não sabia do colega, e como tinha automóvel se ofereceu para ajudá-lo. Waldemar prontamente aceitou e o esperou no local combinado.

Trinta minutos depois, estavam os dois amigos juntos e, impacientes, procuraram Anderson em todos os lugares que frequentavam regularmente. Perguntaram por ele para alguns colegas. A resposta era sempre negativa. Decidiram ir à casa de Christine. Já era tarde da noite quando chegaram, mas, foi a mãe da jovem que os recebeu. Dona Carolina, assim era chamada.

Era uma senhora quinquagenária, ficou viúva jovem ainda, recebia a pensão do falecido marido e, para ajudar nas despesas da casa, dava aulas de inglês; dessa forma pagava os estudos da única filha. Com ela a cerca de três anos morava também seu sobrinho, Júlio, filho da cunhada, irmã do seu marido. Ele era um rapaz muito magro, de estatura baixa, cabelos e olhos castanhos-escuros; vestia-se muito bem e tinha muito bom gosto. Tudo isso chamava atenção das jovens da sua idade.

Ele, alegando que necessitava cursar a universidade, saiu do interior para a capital, vindo morar com a tia. Um ano depois de sua estadia na casa, seus pais desencarnaram, vítimas de um acidente automobilístico. Como era filho único, vendeu a casa que herdou da família e agora morava definitivamente com dona Carolina.

Júlio era um jovem instável. Ingressou na universidade, mas logo no primeiro ano largou os estudos, apesar da insistência da tia para que não desistisse. Pouco se importou com os seus argumentos. Arrumou um emprego como auxiliar de escritório em uma pequena empresa de contabilidade, guardou o dinheiro da herança em uma conta poupança, mas gastava os juros na compra de roupas de marcas famosas, sapatos e perfumes. Dona Carolina o advertia constantemente quanto aos seus gastos excessivos e às noitadas festivas em bares com amigos. Em vão, Júlio não se importava com os seus conselhos. A briga entre eles era constante, deixando dona Carolina muito nervosa e apreensiva.

A bondosa senhora recebeu os jovens com estimada atenção. Eles se desculparam em virtude do horário e explicaram o teor da repentina visita. Ela também não sabia do paradeiro de Anderson e lamentou os problemas que o rapaz estava enfrentando. Desanimados, despediram-se dela e saíram.

Luciano deixou o amigo em casa e encerrou as buscas. Era madrugada, estavam cansados e precisavam estar logo pela manhã no trabalho. Waldemar, entrando em casa, deparou-se com a sua mãe que ainda o esperava. Ela notou o semblante carregado do filho. O desânimo era visível. O jovem explicou o que lhe estava acontecendo; tentando confortá-lo, a mãe prometeu que iria orar pelo rapaz. Ele sorriu esperançoso. A velha senhora, atenciosa, preparou-lhe uma pequena ceia.

Ao terminar, despediram-se carinhosamente. Já instalado em seu quarto, meditava nos acontecimentos daquele dia.

Continuava ainda muito receoso, não sabia orar como a mãe, mas fez questão de pronunciar algumas palavras em favor do amigo. Seu pedido aos céus era sincero. A oração lhe fez bem.

Anderson não notou as horas que passou naquele lugar. Já era madrugada e não conseguia coordenar os pensamentos. Estava com a corda, segurando-a há tempo nas mãos. Levaria o ato covarde até o fim. Decidido, andou por mais alguns metros e averiguou que existiam algumas árvores que as máquinas não tinham derrubado. Era o que precisava. Friamente amarrou a corda no galho da árvore e pegou alguns caixotes para melhor se colocar. Quando perdesse o equilíbrio, a corda em seu pescoço o sufocaria, dando fim à sua vida, concluiu ele.

Dona Ita, cansada da caminhada que fizera procurando por Anderson, desistiu, pois não conseguiu encontrá-lo. Resolveu retornar para o orfanato. Sentia o coração angustiado e a lembrança dele não lhe saía da mente. Extremamente preocupada foi para o seu quarto. Em um pequeno corredor que dava para o seu banheiro mandou fazer um pequeno oratório, onde colocou a imagem do seu santo de devoção conforme a religião que professava.

Diante da pequena imagem, ajoelhou-se e pediu fervorosamente em favor do seu filho do coração. Seu Mentor Espiritual, assistindo a tudo, ministrou-lhe passes magnéticos. Ao terminar, dona Ita sentia-se aliviada e esperançosa. Sonolenta, acomodou-se na cama e dormiu quase instantaneamente. Ao desprender-se do corpo físico, encontrou-se com o seu Amigo Espiritual, Dácio, e juntos saíram.

Capítulo 2

O Orfanato

Dona Carolina naquela noite também estava muito apreensiva. Seu sobrinho tinha saído para o trabalho pela manhã e, até aquele momento, não havia chegado. Sabia que ele andava com más companhias, muitas vezes o advertiu quanto a isso, em vão. Preferiu ficar acordada para esperá-lo. Decidiu ter uma conversa séria com ele. Impaciente, esperou. Finalmente, de madrugada, a porta da frente se abriu. Era Júlio que chegava. Diante do jovem, e muito nervosa, indagou:

– Onde esteve? Estava muito preocupada com você.

– Não se preocupe, tia! Estava por aí – respondeu ele sem lhe dar atenção.

– Por aí não é resposta – redarguiu alterando a voz. – Quero saber onde esteve até esta hora! São 3 horas da manhã. Saiu logo cedo para trabalhar e só chegou agora! O que estava fazendo? Vamos, responda – disse já bem irritada.

– Nada, tia! Nada! Deixe-me em paz – respondeu ríspido.

– Está cheirando a bebida – observou dona Carolina. – Esteve com os seus amigos. O que pensa da vida, Júlio? Até quando ficará na farra?

– Já sou maior de idade e responsável pelos meus atos. Estive com os meus amigos me divertindo. É proibido agora? – gritou ele.

– Divertir-se, não! Mas embebedar-se e dirigir nesse estado é muito perigoso. Quero que pare com isso ou saia desta casa – falou decidida.

– Está me expulsando daqui, tia? – indagou aos gritos.

– Quero que seja responsável! Não vou mais aturar suas algazarras. Como acordará às 7 horas para trabalhar neste estado? Está acabando com a sua saúde. É melhor me obedecer, Júlio – argumentou dona Carolina, mudando o tom de voz na tentativa de pôr fim à discussão.

– Está bem, tia! Você venceu! Não vou mais beber e chegar tarde. Está feliz, agora? – perguntou com ares de deboche.

– Continuaremos essa conversa quando estiver sóbrio. Agora vá se deitar e tome um café forte para que passe esta bebedeira.

Júlio sorriu sarcasticamente e saiu. Dona Carolina olhou para o sobrinho e apenas balançou a cabeça, lamentando seu estado. Como era tarde e estava muito cansada, resolveu deitar-se também e esquecer o ocorrido.

Em seu quarto, Waldemar não conseguia dormir. Como as luzes do cômodo ainda permanecia acessa, sua mãe foi ao seu encontro e mansamente falou:

– Meu filho! Ainda acordado? Está muito tarde e você precisa acordar logo cedo para trabalhar.

– Eu sei, mãe! Mas sinto que Anderson está aprontando alguma.

– Como assim, meu filho?

– Penso no pior. Ele estava muito nervoso e abatido. Agora, com a demissão, tudo ficou mais difícil para ele.

– Não se preocupe! Notícias ruins correm rápido. Seu amigo está bem e é melhor que você durma.

– Está bem, mãe! Boa noite! – respondeu Waldemar, despedindo-se da genitora.

– Boa noite, meu filho! Deus te abençoe! – respondeu carinhosa.

A bondosa senhora saiu do quarto e verificou se todas as portas e janelas estavam bem trancadas, apagou as luzes e foi para o seu quarto. Antes de deitar-se, orou e dormiu tranquilamente.

Christine continuava acordada; em seu quarto pôde ouvir toda a discussão. Estava acostumada com essa situação e pouco deu importância ao fato, que se tornara rotineiro. Queria dormir, mas não conseguia. Pensava nas olheiras que ficariam no dia seguinte por causa da insônia. Virava-se de um lado a outro na cama, na esperança de dormir. Sem êxito, olhou ao redor do quarto e resolveu ir até a cozinha para tomar água. Talvez isso a ajudasse dormir, pensou.

Quando foi pegar o copo, olhou para a sua mão direita e notou o seu anel de noivado. Isso lhe trouxe lembranças. Onde estaria Anderson?, perguntou-se. Queria muito vê-lo, mas todas as vezes que telefonou para ele não obteve respostas. Soube por meio da mãe que amigos estavam à procura dele. O que será que aconteceu?, indagou para si.

Sentada à mesa da cozinha, recordou os momentos felizes que passou ao lado de Anderson. A saudade e o remorso invadiram-lhe o coração. Agora era tarde para arrependimentos, concluiu. Pensou em sua melhor amiga, levantou-se e resolveu conversar com ela ao telefone, apesar do horário.

Em outro bairro de classe média alta, não muito distante dali, uma bela jovem dormia tranquilamente. Era Renata, garota extrovertida, franca e muito inteligente, de cabelos curtos, lisos e bem claros, olhos cor de mel, cútis branca e bem cuidada. O telefone do seu quarto tocou várias vezes. Ela abriu os olhos, olhou para o relógio. Eram 3 horas da manhã. Pensou: quem seria àquela hora? Sonolenta, pegou o telefone e reconheceu a voz da sua amiga no outro lado da linha. Imediatamente respondeu:

– O que aconteceu, Chris?

– Eu não conseguia dormir e por isso resolvi ligar para você – explicou Christine.

– Mas o que houve? Você e seu noivo "riquinho" brigaram? – perguntou irônica.

– Não é nada disso! Você sabe que o Fábio faz todos os meus gostos.

– Então? – perguntou ela, não entendendo a atitude da amiga.

– Eu estava pensando no Anderson.

– Sua consciência pesou, não foi?

– Vejo que não dá para conversar com você, mesmo! Estou nervosa, precisando de ajuda, e você fica me ironizando – queixou-se.

– Desculpe-me, Chris! Mas está muito tarde, e preciso acordar cedo para ir à universidade. Conversaremos amanhã, ou melhor, hoje durante a aula! Está bem?

– Sim! – respondeu Christine um pouco desanimada.

Renata despediu-se da amiga e desligou o telefone. Estava com muito sono, e naquele momento não se importou com as lamentações dela. Christine ficou desapontada com a reação da amiga, mas ao mesmo tempo compreendia-lhe a atitude. Era madrugada e não tinha o direito de perturbar-lhe. Na universidade conversariam, pensou. Decidiu ir dormir e esquecer os problemas. Porém, ao deitar-se, pensou novamente em Anderson. A imagem do rapaz não lhe saía da mente. Os poucos dias que passou com ele eram rememorados. Só conseguiu dormir quando o dia amanheceu.

Desprendida pelo fenômeno do sono, dona Ita, juntamente com Dácio, se encontrara com o Amigo Espiritual de Anderson, que já os aguardava. Os desencarnados que intuíam o jovem para o suicídio fugiram amedrontados quando os viram se aproximando do rapaz, porém na fuga insultaram os recém-chegados. Os visitantes Espirituais oravam em favor do jovem pedindo ajuda aos céus, juntamente com outros Amigos Espirituais que ali se encontravam. Quando Anderson ia colo-

car a corda no pescoço para dar fim a sua vida física, ele ouviu um grito; era o vigia do local que o chamava à razão. Com o susto, ele soltou a corda, desequilibrou-se e acabou caindo dos caixotes que lhe serviam de apoio. O vigia correu ao seu encontro e preocupado indagou:
– Rapaz! O que iria fazer? Está louco?
– Acho que machuquei o pé – respondeu gemendo de dor.
– Sorte sua, meu amigo! – redarguiu o vigia. – O que significa esta corda pendurada na árvore? Espero que tenha uma boa explicação para isso.
– Bem... Anderson não conseguiu responder ao estranho e, envergonhado, abaixou a cabeça.
– Você é jovem ainda. Para que uma atitude tão trágica? – fez-se um momento de silêncio. A pergunta do vigia ficou sem resposta. Ele continuou: – Não precisa responder. Espere aqui! Vou tirar a corda da árvore para termos mais segurança.
O vigia pacientemente retirou a corda amarrada à árvore, colocou-a em uma das máquinas e novamente se voltou para Anderson, que ainda continuava ao chão, e disse:
– Vou dar uma olhada em seu pé machucado.
Examinou cuidadosamente e explicou:
– Acho que foi apenas uma torção. Nada grave. Sorte sua que hoje eu andava por esses lados. Já estive por aqui no começo da noite e só voltaria mais tarde. Mas não encontro o meu cachorro e vim procurá-lo por esses lados. É um cão muito velho e teimoso – explicou o vigia, sorrindo.
Os Amigos Espirituais reunidos ouviram o diálogo, aliviados. Dácio explicou:
– Isso colocará o nosso irmão Anderson fora de ação. Sentindo dores no pé por alguns dias, refletirá no ato insano que iria fazer.
Nesse momento, juntou-se ao grupo o Amigo Espiritual do vigia, que aduziu:
– Consegui afugentar o cãozinho do nosso irmão. Preocupado com ele, conseguiu chegar a tempo e impedir o ato infeliz.
– Agradeço a Deus a ajuda de todos. Há dias tento sintonizar com o meu jovem irmão, sem êxito. As ideias malsãs pulverizavam-lhe a mente e Anderson, ao sintonizar com seus irmãos infelizes, aumentou ainda mais seu desejo de autodestruição. Assim, envolvido com esses desencarnados, não ouvia os meus apelos constantes – aduziu o Mentor do jovem.

– Vamos orar e agradecer a Deus por mais essa ajuda e oportunidade – comentou Dácio.

Todos concordaram e juntos oraram. Logo que terminaram, os dois Amigos Espirituais seguiram os seus tutelados, enquanto Dácio e dona Ita se retiraram para novas missões que os aguardavam naquela madrugada.

Anderson sentia-se muito envergonhado e entrou juntamente com o recém-amigo em uma espécie de cabana feita de madeira. Era pequena e simples, porém muito limpa e organizada. Ele olhou ao redor e reparou que os móveis eram poucos. Apenas havia uma cama de solteiro, uma cômoda, duas cadeiras, uma pequena mesa onde certamente eram feitas as refeições e um velho fogão de duas bocas. O vigia pediu que ele sentasse e, prestativo, fez um achocolatado quente e lhe ofereceu. Anderson pegou a caneca e sorveu o líquido prazerosamente; estava com muita fome, pois tinha passado o dia sem comer. O vigia, olhando-o, comentou:

– Amigo, este chocolate quente lhe fará bem e renovará suas energias. Vejo que está com fome. Vou ver se tenho pão para lhe oferecer.

Atencioso, o homem vasculhou o pequeno armário e achou guardado em uma vasilha um pedaço de pão já amanhecido. Era o que tinha no momento e, um pouco sem jeito, ofereceu ao jovem. Anderson agradeceu e comeu. Quando terminou a simples ceia oferecida, disse:

– Obrigado, senhor! Foi muito gentil em me oferecer algo para comer. Eu estava faminto.

– Não precisa me agradecer, amigo! Sinto-me honrado quando recebo visitas em minha casa. Vivo sozinho com o meu cão.

Nesse momento, o vigia lembrou-se do seu velho animal, e levantando-se foi até a porta de entrada e começou a chamá-lo. Logo o cão apareceu e, abanando o rabo, demonstrou seu contentamento diante do dono. Ele, acariciando o animal, comentou:

– Ah! Você voltou! Onde estava, seu fujão? Eu o procurei por toda a parte.

Ele ofereceu uma tigela de leite ao cão e, voltando-se para Anderson, explicou:

– Ele é o meu companheiro nas horas de solidão.

– É um cão muito bonito, senhor! – observou Anderson.

– Pode me chamar de Jacinto; e você, meu amigo, como se chama?

– Anderson! E obrigado mais vez por ter me ajudado.

– Você deve agradecer ao nosso amigo Tobi aqui. Se ele não tivesse sumido de perto de mim, eu não andaria por aquelas redondezas e talvez neste momento...

Jacinto parou de falar e, pensando no ato que o jovem faria se ele não chegasse a tempo, um frio percorreu-lhe a espinha. Achou por bem se calar e não tocar mais nesse assunto. Anderson percebendo o pequeno constrangimento interrompeu o inesperado silêncio, dizendo:

– O senhor tem razão, seu Jacinto, não sei o que deu em mim. Estava enlouquecido. Tudo pareceu tão escuro e sem esperanças que perdi a cabeça.

– Oh! Não se culpe, meu amigo! Às vezes nós achamos que tudo está perdido e nos esquecemos de olhar para trás e perceber que há pessoas com problemas maiores que o nosso, e mesmo assim continuam sorrindo e espalhando alegria por onde passam. Agora que você está mais calmo, conte-me por que ia cometer algo tão trágico. Falar aliviará a sua dor.

– O senhor é muito bondoso, seu Jacinto! Sou um estranho e mesmo assim me ofereceu chocolate quente e acolheu-me em sua casa.

– Ora! Você não é um estranho para mim, sei o seu nome. Já fomos apresentados – respondeu Jacinto sorridente.

Anderson sorriu também e começou a contar os seus problemas ao vigia. Às vezes parava de falar, a voz embargava. Sentia vontade de chorar. Permaneceram por horas conversando e, quando notaram, o dia estava amanhecendo. Como era dia de folga e não haveria expediente na estrada, Jacinto arrumou um colchão no chão para que Anderson dormisse. Cansado, o vigia foi para o quarto dormir.

Dona Ita acordou, olhou para a janela e percebeu que o dia era de sol. Levantou-se, abriu a janela e deparou-se com vários passarinhos de cores e tamanhos diferentes, cantando e fazendo ninhos em uma velha árvore em frente à sua janela. A visão lhe deixou alegre. Dirigiu-se ao banheiro e depois de arrumar-se foi para a cozinha. Uma jovem fazia o café para ela e para as crianças que estavam acordando. Sentindo o aroma de café fresco, argumentou:

– Bom dia, Dulce! Que cheiro mais gostoso! É cedo ainda para você estar acordada. Deixe que eu termino isto para você.

– Bom dia, mãe Ita! Não se preocupe, eu mesma termino. A senhora precisa descansar mais. Dormiu tarde ontem e, nem bem amanheceu, já está de pé.

– Ah! Minha filha! Eu estava muito preocupada com Anderson. Há dias que ele não aparece. Sentia o meu coração angustiado, mas agora estou mais leve, parece que tudo passou. Acho que ele está bem, vou orar e agradecer.

— Isso é muito bom! A oração é sempre bem-vinda; faz bem a quem pronuncia e melhor ainda para aquele que a recebe.

Dona Ita sorriu e a jovem ofereceu-lhe, prestativa, o café. Colocou na mesa bolo, bolachas e pães. Sentou-se com a senhora e juntos saborearam o café matinal.

Dulce foi abandonada na porta da casa de dona Benedita com apenas algumas horas de vida. Estava ainda com o cordão umbilical e envolta em um lençol velho. Dona Ita ouviu o choro do bebê e, vendo-o tão frágil e desamparado, acolheu-o. Chamou um médico, velho amigo da sua família, que o examinou cuidadosamente e lhe deu os remédios de que necessitava. Desde então permaneceu na casa. Ela era uma jovem de 22 anos, mulata, magra, de estatura mediana, muito bonita, de olhos castanhos-escuros e significativos, de sobrancelhas bem delineadas. Ela chegou dois anos depois de Anderson, depois chegaram outras crianças. Dona Ita resolveu transformar o casarão em que residia sozinha em um orfanato. A jovem Dulce estudou e não quis sair dali, preferindo trabalhar e ajudar dona Ita no cuidado do orfanato. Era o seu braço direito.

Dulce resolveu chamar as crianças do internato para o café matinal. Algumas iriam para a escola logo pela manhã. Era preciso apressá-las. A bondosa senhora a ajudou no cuidado dos internos. Como era de costume, as crianças oravam agradecendo a Deus pela refeição. Dona Ita fazia questão disso.

Seus pais herdaram o casarão em virtude de longos anos de serviço prestado a um velho senhor de idade avançada que não tinha herdeiros nem parentes próximos. Dona Benedita tinha seis irmãos, três faleceram jovens ainda e os demais foram para outras cidades na esperança de um futuro melhor. Como era a mais velha, cuidava dos irmãos mais novos para a sua mãe, até que se foram, um após o outro. Ela permaneceu na casa cuidando dos pais idosos. Seu pai foi o primeiro a desencarnar, dois anos depois a mãe desencarnara em consequência de um infarto.

O orfanato abrigava 25 crianças: dez delas em idade escolar, cinco cursavam o Ensino Médio, três bebês — que chegaram por meio do pedido do juiz — e o restante com idade entre 4 e 5 anos. Tinha três funcionárias que se revezavam. Dona Ita tinha ajuda de voluntários que iam e vinham. Tudo era feito com muito sacrifício e abnegação, mas com prazer e disposição. Dona Benedita lamentava não poder ajudar mais crianças abandonadas.

Quando as crianças terminaram a refeição matinal, as que iam para a escola despediram-se de dona Ita com um beijo afetuoso no rosto e as demais foram brincar nos jardins da casa sob os olhos atentos da senhora e de duas jovens que estavam naquele dia ajudando-a como voluntárias. Devido às brincadeiras e ao corre-corre, algumas se machucavam e iam choramingar nos braços de mãe Ita, como a chamavam. Aquela senhora olhava os pequeninos com doçura e extremado carinho. Algumas brigavam pelo seu colo e acabavam dormindo, recebendo seus afagos. Ela estava ansiosa pela visita de Anderson. Contava os dias para vê-lo. Tentando dissipar os pensamentos, levantou-se da cadeira de balanço e andou um pouco. Pegou uma criança de 2 anos no colo e passeou com ela nos arredores do casarão.

Capítulo 3

A Rotina

Pela manhã, Renata acordou indisposta. O telefonema que recebera da amiga na calada da noite custou-lhe o sono. Arrumou-se rapidamente e não quis tomar o café matinal, alegou aos pais que estava atrasada e precisava entregar alguns trabalhos na universidade. Seu pai ofereceu-se para levá-la. Ela aceitou. Muitas vezes ia de ônibus, preferia assim e não gostava que o motorista da mãe a levasse. Não se sentia bem com isso.

Dona Carolina chamou a filha por várias vezes, mas ela, alegando cansaço e uma noite mal dormida, custou a levantar. Sua mãe insistiu.

– Christine, minha filha! Não vai à universidade? Já está tarde, vai se atrasar.

A jovem esfregou os olhos, olhou para a mãe e respondeu:

– Mãe! Estou um pouco cansada, mal consegui dormir à noite. Não quero ir, hoje não!

– Mas, minha filha! Não pode faltar às aulas. Tem de levantar.

– Mãe, por favor! Hoje não, não quero!

Christine virou-se de lado e dormiu, não se importando com a mãe. Dona Carolina resolveu não chamá-la mais, não adiantaria. Ela não faltava às aulas, devia estar muito indisposta mesmo, concluiu. Saiu do quarto e decidiu chamar também o sobrinho. Bateu várias vezes na porta, até que ele respondeu e, de muito mau humor, resmungou:

– O que quer, tia?

– Já está na hora de levantar – explicou.

– Eu sei, não precisa gritar – respondeu irritado.

A tia, ouvindo-o, calou-se. Não queria dar-lhe motivo para mais agressividade. Calmamente, preparou-lhe o desjejum. Depois que se arrumou, ele sentou-se à mesa e, resmungando com tudo e com todos, tomou apenas o café e saiu para o trabalho. Dona Carolina, vendo o sobrinho agir dessa maneira, entristeceu. Tentando não mais pensar sobre o ocorrido, achou melhor começar os seus afazeres domésticos.

O jovem Waldemar também acordou logo pela manhã e sua mãe preparou-lhe o café. Ele arrumou-se rapidamente para o trabalho e sentou-se à mesa; antes disso, beijou a face da mãe cumprimentando-a amorosamente, como sempre fazia. Ela indagou:

– Você virá almoçar, meu filho?

– Acho que não, mãe! Vou aproveitar para saber por onde anda o Anderson.

– Não é bom que fique comendo porcarias na rua. Isso não lhe fará bem!

– Eu sei disso, mas é só por hoje – explicou o jovem, tranquilizando-a.

Logo que terminou, beijou-lhe novamente a face, despedindo-se. Andou rapidamente, pois a empresa onde trabalhava ficava a apenas algumas quadras de distância, percurso que sempre fazia a pé. Estava ainda apreensivo por causa do amigo, quando uma voz conhecida o chamou à realidade:

– Waldemar! Waldemar!

Ele olhou, era um dos seus amigos, Fábio, que desfilava em um carro esporte novíssimo. Parando o veículo, o jovem perguntou:

– Quer uma carona até o seu trabalho?

– Sim! – respondeu ele, simpático.

Waldemar entrou no carro e no trajeto conversaram descontraídos quando, subitamente, o jovem perguntou a Fábio:

– Tem visto Anderson? Estou preocupado com ele.

– Não sei por que você se importa com aquele perdedor. Eu não o vi e faço questão de não vê-lo – respondeu Fábio, demonstrando não gostar do rumo da conversa.

– Não diga isso! Ele pode estar em apuros.

– E espero que esteja! Eu não gosto dele e você sabe disso, é um fracassado. Quero distância de pessoas assim.

– Gostaria que você parasse com esta rixa com o Anderson. Ele nada lhe fez e sempre o tratou com respeito.

– Não faz mais que a obrigação. Vamos mudar de assunto. Eu não gosto dele e pronto!

Waldemar achou melhor silenciar, eram amigos desde a escola e não queria aborrecê-lo. Porém, as desavenças entre Anderson e Fábio lhe causavam indignação. Logo o jovem rico estacionou o carro na frente da fábrica onde o amigo trabalhava.

– Pronto, está são e salvo! – falou Fábio em tom brincalhão.

– Obrigado! – respondeu risonho o amigo.
– Abriu uma lanchonete nova no centro da cidade. Poderemos ir à noite e nos divertir. Convidaremos Luciano e alguns amigos. Que tal? – indagou.
– Não, obrigado, Fábio! Preciso voltar cedo para casa. Minha mãe fica preocupada quando demoro a chegar.
– Ah! Esqueci! Você é o filhinho exemplar da mamãe – comentou ironizando.
– Não é isso! Gosto de chegar no horário para evitar aborrecimentos a ela – explicou Waldemar, não gostando da brincadeira do amigo.
– Está bem! Convidarei Luciano mesmo assim e alguns amigos que conheci na universidade. Faremos uma farra de dar inveja.
– Cuidado, Fábio! Às vezes certos amigos são os nossos piores inimigos. Empurra-nos para a tragédia e o abismo.
– Não seja exagerado e muito mesmo careta, Waldemar! Você me conhece e sabe que gosto de bagunça e muito agito. Quero me divertir.
Waldemar, sabendo que não adiantaria argumentar, achou melhor despedir-se do amigo e dirigir-se à fábrica. Tão logo bateu o seu cartão pontualmente às 8 horas, começou o seu trabalho no escritório da fábrica.
Anderson acordou e, olhando ao redor, assustou-se; por um instante esquecera que dormira na casa do vigia. O sol estava alto. O recém-amigo sorridente o cumprimentou. O jovem argumentou:
– Bom dia, Jacinto! Acho que dormi demais. Já está muito tarde?
– Um pouco! Mas você passou a noite acordado; é natural que levante tarde – explicou o vigia.
– Preciso ir para minha casa.
– É melhor que tome café primeiro. Está fresquinho. Depois você pensa na sua casa. Como está o seu pé?
Anderson olhou para o pé e reparou que já não estava tão edemaciado, porém ainda doía. Ele respondeu:
– Dói ainda um pouco, senhor Jacinto. Mas dá para andar.
Jacinto sorriu e mostrou-lhe onde ficava o banheiro. Deu-lhe uma escova dental nova que tinha consigo. Anderson agradeceu a generosidade. Logo depois, estavam junto à mesa para o desjejum. Animados, conversaram.
Na universidade, Renata não conseguia concentrar-se nas aulas; pensava na amiga que não apareceu para estudar. Impaciente, olhava

constantemente o relógio. Esperava o término das aulas para fazer uma visita à sua amiga Christine.

Com a saída do sobrinho, reinou temporariamente a paz na casa de dona Carolina. Notando o tardio da hora, achou melhor acordar a filha. Foi em seu quarto e a chamou novamente, até que Christine abriu os olhos preguiçosamente.

– Está na hora de acordar! Não foi à aula hoje, nem por isso precisa acordar tão tarde.

– Ah, mãe! Deixe-me dormir mais um pouco. Estou cansada – resmungou.

– Não, minha filha! O café está na mesa. Vai esfriar. O dia está lindo! Por que não o aproveita?

Christine olhou para a janela e percebeu que sua mãe dizia a verdade. Olhou também para o relógio na sua cabeceira. Eram 10 horas. Espreguiçou e levantou-se da cama. Foi para o banheiro e, olhando-se no espelho, reparou que estava com olheiras. "Isto é o que acontece quando se dorme tão tarde", concluiu.

A jovem lavou o rosto várias vezes na tentativa de espantar o cansaço. Arrumou-se demoradamente e foi para a cozinha. Sua mãe preparou-lhe o desjejum. Christine preferiu tomar apenas um suco e comeu algumas torradas. Conversou com a mãe por alguns minutos. Depois foi para o quarto ler um livro para o seu trabalho escolar. Como não tinha ido à universidade, certamente sua amiga viria vê-la. Esperaria. A senhora Carolina, na cozinha, começava os preparativos para o almoço.

Anderson despediu-se do vigia. Sentiu que as horas que permaneceram juntos foram suficientes para formar uma grande amizade. Jacinto era uma pessoa simples e de bom coração, ajudou o jovem na hora mais difícil e grave da sua vida. Ele também arrumou o dinheiro para a passagem de ônibus. Logo que desceu no ponto, com dificuldade, caminhava rumo à sua casa e meditava: "Como pude ficar tão transtornado naquele dia? Tudo parecia nebuloso e sem esperanças. Agora as ideias eram claras. Perdi o emprego, mas arrumarei outro, talvez em outra cidade. Quanto a Christine, nada posso fazer já que fui trocado por outro por causa do dinheiro, porém ainda tenho um grave problema a resolver com o antigo patrão". Os pensamentos fervilhavam na cabeça de Anderson, que não notou que chegara ao pequeno portão da sua casa apesar da longa distância de onde estava. Procurou as chaves no bolso e percebeu que as perdera. Resolveu ir até a sua vizinha, que era a proprietária da casa. "Certamente ela tem outra cópia", pensou.

Diante dela, rapidamente explicou que precisava de outra chave. Poucos minutos depois, ela entregou-lhe uma cópia, fazendo algumas recomendações. Quando ele se virou para ir embora, ela comentou:
– Ontem a dona Ita perguntou pelo senhor.
Anderson, ao ouvir a mulher, rapidamente se virou e perguntou:
– Ela esteve aqui?
– Não, mas mandou logo cedo uma jovem que perguntou pelo senhor e veio também um rapaz. Ele estava muito preocupado; já era noite quando veio.
– Ele disse quem era? – indagou, curioso.
– Não disse o nome, mas falou que trabalhavam juntos. Ele era moreno, bem magro, não muito alto e educado.
– Obrigada, senhora! Deve ser o meu amigo Waldemar.
– Não vá perder de novo as chaves da casa. Não tenho mais cópias.
– Sim, senhora! – respondeu Anderson compreendendo a advertência.
De posse das chaves, abriu a porta e entrou. Era uma casa modesta, constituída de pequenos cômodos: um quarto, uma sala, um banheiro, cozinha e quintal. Os móveis eram simples, porém novos e bonitos. Anderson sentou-se em uma poltrona, seu pé ainda doía muito devido à caminhada. Iria repousar um pouco, fazer uma refeição e depois ir ao orfanato. Sentia saudades de mãe Ita.

Capítulo 4

O Desabafo de Anderson

Logo que saiu da universidade, Renata foi para a casa da amiga. Diante dela, perguntou:

— Estou exausta, não via a hora das aulas acabarem. E você, por que não foi à aula hoje?

— Passei a noite acordada. Não consegui ter ânimo para ir à universidade — explicou.

— Desculpe-me! Devia ter lhe dado mais atenção quando ligou para mim.

— Não precisa se desculpar. Eu que fui inconveniente telefonando para você de madrugada.

— Conte-me, o que houve com você? — indagou Renata.

— Eu estava me sentindo sozinha. Confesso que estava com saudades do Anderson. Acho que ele nunca vai me perdoar.

— Não é por menos. Depois do que você fez com ele.

— Renata, é para você me ajudar e não ficar aí me julgando — argumentou Christine, sentida com as palavras da amiga

— Desculpe! Não falo mais assim! Do que adianta comentar esse assunto. O que está feito, está feito.

— Tem razão! Eu escolhi isso para mim. Agora tenho de ir até o final — respondeu Christine, sentindo pena de si mesma.

— Não é preciso que se case com Fábio, se não gosta dele.

— Eu gosto dele, mas não o amo. Estava enganada. Nosso noivado foi um erro. Sinto-me algemada a ele, presa mesmo.

— Por que não abre o seu coração para a sua mãe? Ela poderá ajudá-la — aconselhou Renata.

— Minha mãe morreria de vergonha se eu desmanchasse o noivado com Fábio. Eu seria malvista por todos. Ela não merece isso.

– Não acha que está exagerando? Estamos no século XX. Está tudo moderno hoje em dia. Quem se importa com essas coisas?

– Você está enganada, Renata! Não somos tão moderninhos assim. E Fábio pode me dar estabilidade na vida, enquanto Anderson...

– Bem! Fábio é realmente muito rico. Mas o dinheiro não é tudo, o amor vale mais.

– Você diz isso porque vem de uma família rica. Enquanto Anderson, coitado! O que pode me dar?

Fez-se um breve silêncio. Christine continuou:

– Ontem alguns amigos dele vieram procurá-lo aqui em casa. Estavam muito preocupados.

– Você sabe por quê? – perguntou Renata.

– Não sei! Estavam procurando-o por todos os lugares.

– Será que aconteceu algo ruim com ele? Você não está curiosa para saber o que houve? – perguntou.

Renata estava um pouco apreensiva.

– Não! Você sabe, notícias ruins correm rápido. Mas, se você quiser, podemos ligar para o Luciano. A esta hora ele já deve ter notícias.

Renata balançou a cabeça afirmando as palavras da amiga. Christine não queria demonstrar, mas também estava preocupada com Anderson e queria saber notícias dele. Rapidamente ligou para o jovem Luciano e ele, por telefone, contou o que tinha acontecido com o seu amigo. Christine, logo que desligou o telefone, comentou:

– Anderson foi despedido do emprego.

– Como? Despedido do emprego. Por que será? – perguntou Renata, indignada.

– Luciano também não sabe. Procuraram por Anderson até tarde da noite e não o acharam. Ele irá à casa dele hoje depois que terminar o serviço – explicou.

– Estranho! Muito estranho! – exclamou Renata.

– É melhor mudarmos de assunto e deixar isso para lá. Não quero mais falar de Anderson. Você conseguiu fazer os trabalhos?

– Sim! – afirmou taxativa.

Renata abriu as pastas para a amiga examinar. Porém, seus pensamentos estavam nas palavras que ouvira dela. Não poderia imaginar que Anderson tinha sido despedido da fábrica do seu pai. O chamado da senhora Carolina para o almoço interrompeu os estudos das jovens. Tão logo terminou a refeição, Renata despediu-se das duas anfitriãs.

Anderson queria visitar dona Ita no orfanato, no entanto, o pouco que caminhou deixara seu pé edemaciado e dolorido. Resolveu permanecer em casa e meditar sobre a sua vida e o que faria dali para frente.

Ouviu batidas na porta quebrando o silêncio do lugar. Era o seu amigo Luciano que vinha visitá-lo. Ao rever o companheiro, Anderson, sorridente, comentou:

– Que bom vê-lo aqui, Luciano!

– Ficamos muito preocupados com você. Ontem à noite Waldemar e eu andamos por todos os lugares à sua procura. Onde esteve?

– Por aí, sem rumo. Estava muito nervoso e precisava esfriar a cabeça – explicou, mas a indagação lhe deixou um pouco sem jeito.

Luciano olhou para os pés do amigo e, notando o ferimento, indagou curioso:

– O que houve com o seu pé? Está inchado!

– Ah! Não foi nada! É resultado das minhas andanças. Eu tropecei e acabei machucando o pé – mentiu.

– É melhor ir ao médico. Se quiser, eu levo. Estou com o carro do meu pai.

– Obrigado, Luciano! Mas não será preciso. Venha comigo até a cozinha. Vou preparar um café para nós. Você já almoçou?

– Sim! Obrigado! Vou querer só o café.

Os jovens foram para a cozinha e continuaram confabulando por horas. Luciano nada comentou sobre o telefonema que recebera de Christine, pois prometera a ela que nada falaria. Certamente Anderson não iria gostar de saber que eles o procuraram na casa dela. Era melhor calar-se. Quando Luciano foi embora, já estava anoitecendo. O jovem trabalhava com o pai e às vezes saía no meio do expediente. A visita dele alegrou Anderson e o deixou envergonhado e arrependido dos pensamentos suicidas que teve.

Luciano aproveitou para contar ao amigo Waldemar a visita que fizera a Anderson. Sabia que a notícia deixaria o colega mais aliviado. Assim o fez. Depois de comunicar o amigo, retornou para a sua casa. Waldemar, logo que soube, resolveu também visitá-lo. Era uma longa caminhada, mas valeria o sacrifício. Algum tempo depois, estava diante da casa dele. Parado em frente ao pequeno portão, bateu palmas na esperança de ser ouvido. Anderson foi recepcioná-lo, cumprimentaram-se amigavelmente e ele o convidou para entrar. Sentados no sofá da sala, confabularam por horas até que, no auge da conversa, Waldemar indagou:

– O que realmente houve na empresa, Anderson? Diga-me a verdade!

– Eu estou em uma enrascada – respondeu o amigo colocando as mãos entre os cabelos em um gesto nervoso.

— Como assim, Anderson? Explique!
— O senhor Fausto está me acusando de ter desviado dinheiro da firma. É uma quantia muito grande. Sou inocente!
— Calma! Fale devagar! Que dinheiro está falando? Que desvio é esse?
— Bem! — Anderson suspirou reunindo forças para falar e continuou.
— Eu vi a carta de demissão na minha mesa e não entendi nada; fui falar com o senhor Fausto. Ele me mostrou o livro-caixa e, aos gritos, me acusou de ter desviado dinheiro da firma. Chamou-me de ladrão.

Anderson, cabisbaixo, colocou as mãos sobre o rosto demonstrando o desespero que sentia naquele momento. Na esperança de consolá-lo, Waldemar colocou a destra sobre os ombros do amigo e indagou:
— De quanto é a dívida, Anderson?
— É muito dinheiro, Waldemar! Você não pode me ajudar.
— Mesmo assim, diga-me, quanto? — insistiu.
— Três mil cruzeiros.
— Como?
— Waldemar ficou estupefato. Realmente se tratava de uma quantia muito grande e eles não tinham como dispô-la. Porém ficou uma dúvida no ar, como esse dinheiro teria sido desviado da firma? Conhecia Anderson desde pequeno e sabia da sua integridade. Mesmo assim, resolveu arriscar e perguntou:
— Quero que me diga a verdade. Eu vou compreender. Você desviou esse dinheiro?
— Não! Como pode duvidar de mim? Você sabe que eu não seria capaz de uma coisa dessas.
— Desculpe-me! Eu precisava perguntar. Acalme-se! Mas tem outro grande problema. Alguém desviou esse dinheiro, mas quem? E como vamos provar sua inocência?

Anderson entrou em desespero e, deixando a vergonha de lado, já não se importava com as lágrimas que teimavam em rolar na face. Não sabia como pagar a dívida que pesava em seus ombros e como provaria sua inocência. Waldemar também entristeceu, andava de um lado a outro; apreensivo, colocava as mãos sobre os cabelos a todo o momento. Vendo que essas atitudes não ajudariam o amigo, resolveu acalmar-se e indagou:
— O senhor Fausto deu algum prazo para você? Falou alguma coisa?
— Ele deu uma semana de prazo. Se eu não pagar, vai me levar para a cadeia. Ele jurou que faria isso.

Um breve silêncio pairou no ar. Reunindo forças, Anderson pediu:

– Waldemar! Quero que você não diga nada a ninguém sobre isso, nem mesmo ao Luciano. É muito grave!
– Não direi nada, não se preocupe! O prazo que ele te deu é muito curto para arrumar todo esse dinheiro. E se você pagar, ele achará que roubou; e se não o fizer, ele mandará te prender. Realmente é um grande problema.
– Sim! Não sei o que fazer. Por que acha que eu estou assim, Waldemar?
O jovem apenas balançou a cabeça compreendendo a gravidade do problema. A situação era crítica e o silêncio pesado se fez presente novamente entre os amigos. Waldemar pensou um pouco e indagou:
– Você desconfia de alguém da firma? Quer dizer, alguém desviou esse dinheiro. Ele não sumiria assim.
– Na verdade, já pensei sobre isto. Mas quem? A maioria dos funcionários trabalha lá há muito tempo. Não sei o que pensar.
– Não seria melhor tentar falar com o senhor Fausto novamente? Ele pode estar mais calmo e acreditar em sua inocência.
– Acho muito difícil, Waldemar! Ele me tocou da sala dele a pontapés. Não vai querer me ver.
– Mesmo assim seria melhor falar com ele. Explicar a situação. Tudo é possível.
– Vou seguir o seu conselho. Amanhã tentarei falar com ele. Não me resta mais nada a fazer.
– Faça isto! – afirmou Waldemar.
Anderson, mais calmo, ofereceu mais uma xícara de café ao amigo e conversaram por mais alguns minutos. Waldemar, notando o tardio da hora, resolveu ir embora, despedindo-se do amigo. Pacientemente esperou no ponto de ônibus a condução que o levaria até as proximidades da sua casa.
Fábio foi visitar sua linda noiva. Cumprimentou respeitosamente a senhora Carolina, que imediatamente chamou a filha deixando-os a sós na varanda da casa, enquanto permaneceu na sala tricotando um casaco para a filha.
Christine olhou para o rosto do noivo e percebeu olheiras profundas. Perguntou, irritada:
– Fábio, estava nas noitadas novamente?
– Não diga isso, meu amor! Você sabe que eu a amo e não ficaria na farra – respondeu, cínico.
– Não minta para mim, Fábio! Dá para ver na sua cara que passou a noite toda na farra. Onde esteve?

– Em casa! Estava gripado, por isso não vim visitá-la. E você sabe que a sua mãe não gosta que eu venha todos os dias aqui – argumentou.

Christine silenciou; sabia que ele tinha razão, sua mãe realmente implicava com a presença dele todos os dias na casa, apesar do compromisso firmado entre o casal. O jovem, olhando para a noiva, perguntou sorridente, tentando abafar o desentendimento:

– Está com ciúme! Por isso está tão irritada comigo!

Christine calou-se e sorriu forçosamente. Na realidade, não sentia ciúme dele e não sabia por que estava tão exaltada. Fábio a abraçou; trocando carícias, permaneceu o casal na varanda sob os olhos atentos da mãe que vigiava os jovens discretamente.

Capítulo 5

Discussão em Família

Para dona Ita findava o dia e a esperança de rever Anderson; perdida, ainda não sabia do seu paradeiro e isso a deixava inquieta. Dulce, percebendo o seu nervosismo, comentou:
– Mãe Ita, não fique aborrecida! Anderson já está em casa.
– Como ficou sabendo? E por que ele não veio me visitar? O que está acontecendo?
– Não fique nervosa! Fiquei sabendo disso agora, a vizinha dele mandou avisar. Acho que ele está cansado, por isso não veio.
– Por onde será que ele andou todo esse tempo?
– Não sei! Mandaram avisar que ele já está em casa e que era para a senhora não se preocupar. Talvez amanhã ele venha nos visitar.
– Fico mais tranquila sabendo que ele já está em casa. Acho que vou me deitar.
– É melhor que descanse mesmo, ficou o dia todo com as crianças. Isso é muito cansativo para a senhora.
– Mas, Dulce! O orfanato e essas crianças são a minha vida. Não saberia viver sem eles.
Dona Ita olhou carinhosamente para a jovem e acrescentou:
– Você também é muito importante para mim!
Dulce sorriu e acompanhou de perto a subida de dona Ita até o quarto. Acomodada na cama, a jovem gentilmente pegou a colcha e cobriu-a, afagou-lhe os cabelos totalmente brancos, passou a destra no rosto já envelhecido e sofrido pelo tempo e lhe deu um beijo afetuoso, demonstrando o extremado carinho e admiração que sentia por aquela mulher. Despediu-se dela logo em seguida. Dona Ita, vendo-se sozinha, orou e dormiu instantaneamente. Dácio já a aguardava e juntos saíram.
Renata esperou impaciente o pai que, naquela noite, chegou tarde do trabalho. Tão logo terminou de jantar com a família, a jovem alegou

que queria falar com o pai em particular. A mãe estranhou sua atitude, mas nada comentou. Diante do genitor, indagou taxativa:

– Pai! Fiquei sabendo que despediu Anderson da fábrica. Por que fez isto?

Imediatamente senhor Fausto cerrou o semblante e, aos berros, respondeu:

– Desde quando tenho de lhe dar satisfação do que faço com os meus funcionários?

– Mas, pai! Eu quero saber – retrucou sem se intimidar.

– Ele é um ladrão. Isso responde a sua pergunta? – redarguiu, irônico.

– Não pode ser! Anderson é um rapaz honesto. Não faria jamais isso. Por que está dizendo essas coisas?

– Descobri que ele roubou-me discretamente. Desviou muito dinheiro da minha firma. Portanto, seu "amiguinho" é um ladrão!

– Pai! Não acredito! Algo está errado. Ele não seria capaz disso – respondeu sentando-se em uma cadeira próxima.

– As provas apontam para ele e isso me basta. E, é aviso: não quero vê-la conversando com esse ladrão. Está me ouvindo? – gritou novamente.

– Sim, papai – respondeu, desanimada.

O senhor Fausto deu-lhe as costas e saiu irritado, conhecia a filha e sabia que ela não o obedeceria. No entanto, estava disposto a castigá-la se preciso fosse. Renata não podia acreditar no que ouvira do pai. Anderson não parecia um mau-caráter e seu pai era severo e de poucas palavras, mas não mentiria sobre algo tão sério. Não era mentiroso. Preciso descobrir a verdade, pensava a jovem.

Dácio e dona Ita aproximaram-se de Anderson, que apesar das altas horas ainda continuava acordado. Cansado e ouvindo as sugestões dos amigos presentes, acabou adormecendo. Logo o encarnado estava diante do seu amigo Espiritual, de dona Ita e de Dácio; lembrando-se do ato covarde que iria fazer, sentiu-se envergonhado. Dona Ita aproximou-se do filho do coração e comentou:

– Meu filho! Agradeça a Deus, Senhor de todos nós, pela ajuda que lhe foi prestada. Devido aos seus pensamentos insanos era influenciado por irmãos infelizes que lhe intuíam no ato infeliz.

– Estou envergonhado! Diante da senhora, sinto-me um covarde. Mas posso enfrentar o que me espera? Como resistir à vergonha de ser chamado de ladrão, se nada fiz? Estou sozinho. Que farei? – indagava sem esperança.

— Ninguém está só, meu filho! Deus está conosco em todos os momentos; nas horas de amargura ele nos estende as mãos. Sua misericórdia é infinita! Somos egoístas e vaidosos, não reconhecemos nossos erros. Tenha fé, meu filho! Ore! Renove sua confiança!

— Mãe Ita! A fé está longe de mim — comentou Anderson, cabisbaixo. — Sinto que não mereço o que estou passando. Sou honesto, no entanto, querem me prender. Amei verdadeiramente e o que ganhei? Traição e desprezo. Eu não mereço este sofrimento. Por isso achava que a única saída para mim era o suicídio. Acabaria com o meu corpo físico e libertaria o meu espírito desta prisão infernal.

— Meu irmão! — interveio Dácio — Jesus, o Mestre por excelência, semeou o Amor e a Boa Nova por onde passava, e foi traído; seu sacrifício foi o madeiro e o abandono daqueles que o seguiam na hora derradeira. Mesmo assim, perdoou-os e nos ama. Ele é o modelo maior que o Pai Divino nos enviou para seguirmos. No entanto, devido às nossas paixões mesquinhas, nossos apegos excessivos às coisas terrenas, tornamo-nos cegos e surdos aos apelos desse modelo de Paz. Por causa de nossas próprias culpas escolhemos o sofrimento e a dor como nossos companheiros.

— Eu não compreendo! Sinto-me frágil, sem forças para continuar. Como posso ouvir a voz da razão? — indagou Anderson.

— Serenando seu íntimo! — respondeu Dácio. — Deus está dentro de ti, silencie e o ouvirá. Ele está em toda parte e aguarda de ti o sacrifício em favor das coisas espirituais. Escolha o caminho da redenção e da abnegação, que tudo se tornará mais fácil.

— Não sei se posso prosseguir. A dor me consome a alma. Sinto que não vou suportar.

— Acalme-se! Tenha confiança em si mesmo e prossiga com fé e amor a Deus. Jesus é o caminho para chegar ao Pai — argumentou Dácio sereno, sem se importar com as lamentações de Anderson.

Dona Ita abraçou fortemente o filho do coração e ele encostou a cabeça em seu peito. A bondosa senhora afagou-lhe os cabelos na intenção de transmitir-lhe carinho e confiança no futuro. Lágrimas abundantes escorriam da face de Anderson. Seu Mentor Espiritual comoveu-se com a cena, permanecendo junto deles, transmitindo-lhe também esperança e fé para superar as adversidades que iria enfrentar. Logo depois, Anderson era transportado para o seu quarto. Sentiu-se mais tranquilo e perispiritualmente continuou adormecido. Dona Ita retornou para o orfanato.

Na madrugada, Renata ainda continuava acordada; a discussão com o pai fizera-lhe mal. Lembrou-se de como conhecera Anderson. Eles estudaram no mesmo colégio, no entanto em séries diferentes. Sua simpatia e sorriso franco a cativaram instantaneamente. Quando ele foi trabalhar na empresa de seu pai como *office-boy*, poucas vezes o via. Quando ele cursou a faculdade de Administração, conheceu Christine em um curso de inglês; logo namoraram por algum tempo, mas ela preferiu Fábio e desmanchou o compromisso.

Agora seu pai mostrava um Anderson diferente daquele que conheceu, meditava a jovem. Qual seria o verdadeiro?, indagava para si. Decidiu conversar com o seu colega Waldemar na primeira oportunidade e, quem sabe, obteria respostas, pensou. Olhando para as horas no relógio na cabeceira, achou melhor dissipar seus pensamentos conflitantes e tentar dormir.

Dulce acordou logo cedo como sempre fazia e começou a preparar o café. Minutos depois, dona Ita estava também na cozinha. A jovem, vendo-a, comentou:

– Bom dia! Logo cedo na cozinha. A senhora precisa descansar mais; pelo que sei, foi dormir muito tarde ontem.

– Bom dia, minha filha! Eu gosto de acordar cedo, faz bem para a saúde. Eu sonhei com o Anderson. Ele parecia bem. Estava muito preocupada com ele, agora já estou mais tranquila.

– Que bom! Faz dias que ele não aparece! Deve estar com vergonha por ter perdido o emprego. O que a senhora acha?

– Não sei, minha filha! Mas esta demissão dele é muito estranha. Ele é um rapaz trabalhador e honesto; disseram-me que ele nunca faltou ao serviço. Quero falar com o senhor Fausto. Ele vai me dizer por que o despediu.

– Acho que ele não vai querer falar com a senhora. O senhor Fausto é um homem muito reservado – argumentou.

– Mas acho que tenho o direito de saber. Gosto de saber tudo o que se passa com os meus filhos. Quando sofrem, sofro junto também. Quero que sejam felizes.

Dulce olhou para dona Ita e, em um gesto de carinho, afagou-lhe os cabelos. Ela sorriu retribuindo o gesto. A jovem arrumou a mesa e juntas fizeram o desjejum. Pouco a pouco começava a rotina no orfanato. As crianças barulhentas brincavam no quintal do casarão sob os olhos atentos dos funcionários da casa e de dona Ita.

Capítulo 6

O Sobrinho Beberrão

O senhor Jacinto permaneceu em vigília cuidando dos maquinários da obra a noite toda. Aos poucos os homens retornaram ao trabalho. O vigia finalmente pôde retornar para casa e descansar. Tinha a intenção de dormir um pouco e depois fazer uma visita ao seu novo amigo para saber como estava passando.

Waldemar acordou bem disposto, arrumou-se, tomou o seu café e foi trabalhar. No trajeto resolveu ir ao orfanato, ficava no caminho do seu trabalho e tinha tempo suficiente para visitá-lo. Dona Ita estava com as crianças quando notou a presença do jovem; alegrou-se. Ele carinhosamente foi ao seu encontro e indagou, sorridente:

– Como estão as coisas por aqui, dona Ita?

– Na luta, meu filho! Na luta.

– Conseguiu arrumar o dinheiro de que precisava?

– Graças a Deus conseguimos um pouco. Os vizinhos fizeram uma arrecadação e nos deram também mantimentos. Dará para uma semana.

– Nossa! Uma semana apenas? – indagou espantado.

– Levanto as mãos aos céus por termos isto. Estava preocupada com as crianças e o que iriam comer. Mas Deus é grande e nos providenciou o necessário. Hoje mesmo vou falar com algumas autoridades para que me deem ajuda. A prefeitura já nos deu a sua parte este mês, mas é muito pouco.

– Pode contar comigo no que for preciso, dona Ita.

– Obrigada, Waldemar! – dona Ita fez uma pequena pausa e perguntou: – Você viu o Anderson? Até agora ele não veio me visitar.

– Vi sim! Fui à casa dele ontem. Está bem, machucou o pé. Nada de grave.

– Como assim? Explique direito! – retrucou, apreensiva.

— Parece que ele escorregou e torceu o pé. Já está andando sem mancar. Não se preocupe, não foi grave.
— Ainda bem! Mas não vou sossegar enquanto não vê-lo – argumentou.
Breve silêncio se fez presente. Dona Ita aproveitou o momento para perguntar:
— Você sabe por que o meu filho foi despedido?
— Não sei, dona Ita! – mentiu, não queria preocupar ainda mais a bondosa senhora.
— Acho muito estranho! Vou falar com o senhor Fausto. Ele vai me explicar tudo.
— Acho que a senhora não deveria fazer isso. Anderson não vai gostar quando souber. Deixe que ele resolva esse problema, dona Ita.
— Eu quero saber dele por que despediu o meu Anderson. Sinto-me responsável por ele. Gosto de saber de todos os passos dos meus filhos. E Anderson não seria diferente.
— Mesmo assim, ainda acho que deveria deixar Anderson resolver isso. Ele me disse que vai conversar com o senhor Fausto. Tenho certeza que tudo ficará esclarecido.
— Diga ao senhor Fausto que vou visitá-lo à tarde – disse, decidida.
— Está bem! Como a senhora quiser!
Waldemar achou melhor nada argumentar; sabia que dona Ita estava decidida a conversar com o senhor Fausto e não ouviria seus conselhos. O jovem olhou o relógio e despediu-se dela. Resolveu pegar o ônibus já que não daria mais tempo de ir a pé até a fábrica.
Christine arrumou-se rapidamente, estava atrasada para as aulas na universidade. Ao sair, deparou-se com o seu primo embriagado chegando naquele instante. Ela preferiu nada dizer e saiu apressada, não queria ouvir mais discussões, o que certamente aconteceria. A senhora Carolina, vendo o estado do sobrinho, não se conteve e começou a gritar com ele. Júlio, nervoso, esmurrou a mesa e, aos berros, retrucou:
— A senhora não manda em mim! Faço o quero da minha vida! Por que não cuida da sua, sua velha rabugenta.
— Quero que saia desta casa! Não é mais bem-vindo aqui, Júlio! Você passou dos limites.
— É assim que faz com os seus parentes? Com o seu próprio sangue? Quer que eu more debaixo da ponte? – respondeu ele, mal se aguentando em pé devido à embriaguez.

– Você tem dinheiro para pagar uma pensão. Já avisei várias vezes para que não bebesse, mesmo assim, continua na farra. E agora, como vai trabalhar? – indagou aos berros.

– Eu não vou! Não preciso! – respondeu desafiador. – Ganhei uma grana "preta" e posso ficar sem trabalhar.

A senhora Carolina por um instante emudeceu e, percebendo que a gritaria de nada estava adiantando, resolveu mudar o tom de voz e perguntou:

– Do que está falando? Como ganhou dinheiro? Explique-se!

Júlio, mesmo embriagado, percebeu o erro das suas palavras e tentando remediar a situação, esclareceu:

– Ora! Tia! Eu não tenho dinheiro guardado na poupança? Pois bem, ontem eu tirei uma boa parte para gastar. Não é uma grana "preta"? – redarguiu irônico.

– Não devia fazer isto. Seus pais, que Deus os tenha! – ela fez pequena pausa e continuou: – Trabalharam duro a vida toda para que você pudesse ter o melhor. É assim que paga a eles?

– Não fale dos meus pais, tia! Eu não quero! Eles morreram, que diferença vai fazer agora? – berrou.

Dona Carolina não se intimidou com os gritos do sobrinho e, tentando manter a calma, ordenou:

– É melhor que vá tomar um banho bem gelado e arrume-se para o trabalho.

– Hoje não vou! É meu dia de folga.

– Uma folga bem no meio da semana? Está mentindo! – gritou ela perdendo a calma aparente. – Tome um café forte para curar essa bebedeira e vá para o seu serviço!

– Já disse que não vou, tia! – gritou esmurrando a mesa novamente. – Hoje não quero e me deixe em paz. Vou dormir!

Júlio virou as costas para a tia, cambaleando e tropeçando em alguns objetos pela casa. Finalmente conseguiu chegar ao quarto. Dona Carolina olhou a cena, perplexa. Até quando suportaria tudo aquilo? Era um rapaz tão jovem e bonito, mas a bebida o estava consumindo, pensou. Desiludida, sentou-se no sofá e ali permaneceu por algum tempo.

As amigas encontraram-se na sala de aula. Christine comentou com a colega:

– Meu primo chegou hoje de manhã completamente bêbado e, como sempre, minha mãe e ele devem ter brigado.

– Nossa, que chato! Não sei como a sua mãe aguenta tudo isso.

— Eu também não! O clima lá em casa tem hora que fica insuportável por causa dos dois brigando todo o dia. Já não aguento mais!
— Deve ser muito difícil, mesmo! — observou Renata.
— Sim, mas não vamos mais falar sobre isso. Fez o trabalho?
— Sim! — respondeu Renata pegando o seu material escolar.
— Então me empresta?
— Não copia tudo, para não ficar igual. Você tem mania de não fazer os seus trabalhos.
— Não seja boba, Renata! Foi só este que não terminei. Não vou fazer igual, só vou ver como você fez — explicou.
— Está bem!

Renata entregou o trabalho escolar para a amiga e esperou pacientemente que ela o folhasse. Quando Christine não fazia os trabalhos da universidade, pedia ajuda à amiga. Era assim desde a época do primário, quando se conheceram. Enquanto Christine escrevia rapidamente o esboço do seu trabalho, Renata aproveitou para perguntar:

— Soube mais alguma coisa sobre o Anderson? Sabe se ele arrumou outro emprego?
— Não sei, acho que continua desempregado. Também, ele é um fracassado. Fiz bem em terminar com ele.
— Terminar? Praticamente você o expulsou da sua vida. Tratou-o como a um cachorro sarnento. Humilhou-o perante os amigos.
— Não exagere, Renata! Você o defende demais. Por que não namora ele já que o acha tão bonzinho e humilhado por todos? — ironizou.
— Acho melhor você terminar o seu trabalho. Logo o professor estará aqui — redarguiu Renata, aborrecida com as palavras da amiga.

Minutos depois o professor entrava na sala. Atentas às explicações do mestre, não voltaram mais a se falar no decorrer das aulas. Na saída, Renata despediu-se secamente da amiga; ainda estava muito magoada. Não gostava de suas ironias. Christine percebeu sua atitude, no entanto pouco se importou, pois conhecia bem Renata e sabia que ela era muito sensível e ficava aborrecida por qualquer coisa.

Renata finalmente chegou à sua luxuosa casa, abriu a porta e deparou-se com a sua mãe deitada no sofá lendo uma revista de moda. Cumprimentaram-se respeitosamente e foi para o seu quarto. Acomodada em sua cama, pensava em uma desculpa para visitar o seu amigo Anderson. Queria vê-lo e certificar-se de como ele estava passando. Cansada, acabou cochilando.

Anderson estava acomodado no sofá quando ouviu uma batida de palmas no portão. Foi averiguar e, com alegria, mandou que o seu amigo Jacinto entrasse. Ele meio sem jeito acomodou-se. Anderson perguntou:

– Que bom vê-lo em minha casa senhor Jacinto! Foi fácil chegar até aqui?

– Sim! Perguntei para algumas pessoas no ponto de ônibus e eles me informaram qual a condução certa que chegaria até aqui.

– Ótimo! Quer um café? Acabei de fazer.

– Sim, obrigado!

Anderson levantou-se e logo trazia a xícara de café ao visitante. Jacinto sorveu prazerosamente a bebida sob os olhos atentos do jovem. Anderson comentou:

– Espero que esteja ao seu gosto. Eu não sou muito bom na cozinha.

– Está ótimo! Não tão bom como o meu, mas está aprovado – redarguiu em tom de brincadeira. Anderson sorriu descontraído e, aproveitando o momento, Jacinto indagou em tom mais sério.

– Como está passando, meu jovem? Já conseguiu arrumar um emprego?

– Ainda não! Tenho comprado jornais esses dias para ler os anúncios. Está muito difícil.

– E quanto ao seu ex-patrão? Tem lhe importunado?

– Não! Mas quer que eu lhe dê o dinheiro. Acha que eu o roubei. Sou uma pessoa honrada, nunca faria uma coisa dessas. Acredita em mim?

– Sim, acredito! Mas como fará para provar sua inocência?

– Não sei, senhor Jacinto! Meu amigo veio aqui e sugeriu que eu falasse com ele.

– É uma boa ideia. Talvez conversando consigam achar uma solução melhor para os dois lados.

– Acho isso muito difícil. O senhor Fausto foi categórico. O dinheiro ou a prisão. Não sei como me aproximar dele para conversar. Ele não vai querer me receber.

– Pelo menos tente! Ele precisa ver que é um homem honesto e não faria isto.

Anderson calou-se por alguns instantes; sabia que era algo difícil de fazer. Jacinto continuou conversando com o jovem amigo na tentativa de encorajá-lo e animá-lo nas dificuldades que estava passando.

Na residência de dona Carolina, o tilintar do telefone quebrou o silêncio do lugar. Atendendo ao chamado, percebeu o som abafado; não conseguia distinguir a voz, se era masculina ou feminina. Era muito estranha e chamava pelo seu sobrinho. Atendendo ao pedido, foi chamá-lo. Ele atendeu ao telefone e, quase sussurrando, falou:

– Eu já não falei para você não telefonar para cá. Podem suspeitar.

– Não seja tolo! Não desconfiam de nada. Quero falar com você pessoalmente – respondeu a estranha voz no outro lado da linha.

– Já falamos tudo, é melhor esquecermos. Não podem nos ver juntos. Todo cuidado é pouco – redarguiu Júlio, visivelmente nervoso.

– Já tem o seu dinheiro. Foi o prometido. Mas preciso que faça algo para mim – disse a voz ao telefone.

– O que fiz não foi o suficiente? O que mais quer? – perguntou Júlio.

– Quero que se encontre comigo daqui a uma hora no lugar de sempre. Estou lhe esperando – disse a voz taxativamente, e desligou o telefone.

Júlio também fez o mesmo. Seu semblante modificou-se imediatamente. Carrancudo, foi para o seu quarto e arrumou-se apressadamente. Quando ia sair, sua tia chamou-lhe a atenção, perguntando:

– Aonde vai? E quem era ao telefone?

– Eu vou para a lanchonete aqui perto e era apenas um amigo meu. A senhora não conhece – respondeu, tentando demonstrar tranquilidade para não levantar suspeitas.

– Mas o seu amigo tem nome? Era uma voz muito estranha ao telefone – insistiu.

– Tia! Não adianta dizer o nome se a senhora não conhece.

– É melhor que não chegue de madrugada novamente, nem bêbado como vem fazendo – recomendou.

– Pode deixar, tia! Não vou fazer isso – respondeu Júlio sem desdém.

A senhora Carolina não redarguiu e apenas observou a saída do sobrinho. Preocupada, foi encontrar-se com a filha; achou estranho ela trancar-se no quarto logo que veio da universidade. Bateu à porta e entrou. A filha estava lendo uma revista; vendo-a em sua frente, Christine perguntou:

– O que aconteceu, mamãe?

– Nada! Quis ver se você precisa de algo. Hoje não quis almoçar e está trancada aqui o dia inteiro.

– Não estou com fome, mãe! Preciso estudar.

– Você está tão triste esses dias. Brigou com o seu noivo?

– Não! São as provas e os trabalhos da universidade que me preocupam. Apenas isto.

– Quer que eu lhe traga um suco? Acabei de fazer um bolo do jeito que você gosta – comentou.

– Não precisa me trazer, mãe! Eu vou à cozinha e comemos juntas à mesa.

Dona Carolina sorriu e juntas saíram. Ela arrumou a mesa prazerosamente e, quando terminaram a pequena refeição, Christine perguntou:

– Onde está Júlio? Saiu de novo?

– Sim! Recebeu um telefonema misterioso e logo saiu.

– Que telefonema, mãe? – perguntou Christine, curiosa.

– Não sei! Era uma voz estranha e não quis se identificar. Perguntei ao seu primo e ele me disse que era um amigo que eu não conhecia. Percebi que ele estava muito nervoso.

– Estranho, não é mesmo? O que será que Júlio está aprontando?

– É o que eu gostaria de saber. Hoje não foi trabalhar. Chegou embriagado, passou a noite toda na farra. Não sei o que fazer.

– A senhora brigou com ele?

– Claro! Acha que vou deixá-lo fazer o que quer na minha casa?

Christine não respondeu, achou melhor calar-se; não conseguia entender por que a mãe suportava essas atitudes irresponsáveis do seu primo. Dona Carolina comentava sobre o sobrinho, enquanto a jovem ouvia atenta.

Capítulo 7

O Encontro com Senhor Fausto

Dulce, vendo a velha senhora arrumar-se, estranhou o fato; aproximando-se dela, indagou:
– Aonde a senhora vai, mãe Ita?
– Vou falar com o senhor Fausto. Ele está me esperando.
– Mas logo vai escurecer. Deixe para ir pela manhã – argumentou.
– Não! Eu mandei recado dizendo que iria ao entardecer. Vou agora – respondeu, taxativa, e rapidamente arrumou o véu preto colocando-o na cabeça, como fazia habitualmente ao sair.
– Então, já que está decidida, vou com a senhora. Não quero que ande sozinha pelas ruas.
– Ótimo! Assim me fará companhia. É melhor que se apresse. Não tenho o dia inteiro para esperá-la. Arrume-se rápido!
Dulce saiu do quarto e arrumou-se rapidamente. Em poucos minutos estavam as duas mulheres andando pelas ruas em direção à empresa do senhor Fausto.
Waldemar, logo que teve uma chance, foi falar pessoalmente com o patrão e mencionou a visita de dona Ita ao escritório logo que o expediente terminasse. Ele ouviu atento o empregado e nada comentou. Vendo-se sozinho, pôde meditar no que ouvira. "Como vou enfrentar a dona Ita agora? Ela vai me pressionar de todas as maneiras para readmitir Anderson. Mas isso eu não vou fazer, ou ele paga o que me deve ou vai para a cadeia." Achou melhor dissipar os pensamentos que lhe afligiam o ser e começou a remexer nos papéis que estavam na mesa. Queria colocá-los em ordem e organizar a bagunça visível do escritório.
Percebendo que já era tarde, Jacinto resolveu despedir-se de Anderson e retornou para a sua casa. No caminho, pensava na situação do jovem; pouco o conhecia, mas se afeiçoou a ele. Entristecia-o vê-lo

naquele estado tão deprimente e com problemas tão graves. Logo parou no ponto de ônibus e esperou pacientemente a condução que o levaria até o bairro onde residia.

Renata saiu do seu quarto e foi falar com a sua mãe que estava na sala de estar, folheando uma revista; diante dela, perguntou:

– Papai ainda não chegou?

– Não, minha filha! – respondeu ela sem deixar o que estava fazendo e nem mesmo levantou o olhar para a jovem.

Renata indagou novamente sem se importar com os gestos costumeiros da mãe:

– Será que ele vem para o jantar?

– Sim! Ele nunca se atrasa – afirmou.

– Mas não acha que está um pouco tarde? Ele sempre chega mais cedo.

– Ele vem! Não se preocupe – respondeu a genitora sem se importar com as aflições da jovem.

Logo que se viu sozinho, Anderson pôde refletir nos conselhos que ouviu dos seus amigos e rapidamente arrumou-se. Poderia ainda encontrar-se com o ex-patrão na empresa e esta seria boa hora, já que era o fim do expediente, e teria apenas os vigias e as faxineiras na fábrica. Decidido e ainda mancando um pouco em consequência das dores em seu pé, saiu e resolveu pegar um ônibus, já que não poderia perder tempo, e alguns minutos depois estava diante da fábrica. Olhou atentamente o prédio a sua frente e suspirou tentando encorajar-se para enfrentar a situação.

Ele ia entrar pelo portão da frente quando percebeu que dona Ita e Dulce entravam também no prédio. Pensou imediatamente: "O que será que elas estão fazendo aqui? Acho que mãe Ita veio interceder por mim". Vendo-as, resolveu abordá-las e assim mataria as saudades que sentia delas. Dona Ita pacientemente caminhava a passos lentos quando ouviu o chamado de Anderson; vendo-o, não se conteve de alegria. Ele, aproximando-se dela, abraçou-a demoradamente. A saudade atormentava-lhe a alma, fez o mesmo com Dulce, que o recebeu sorridente. Diante delas perguntou:

– O que fazem aqui? Não estão muito longe de casa?

– Mãe Ita quer conversar com o senhor Fausto – explicou Dulce.

– E o que quer conversar com ele, mãe Ita?

– Ela quer falar com ele sobre a sua demissão – respondeu Dulce, porém dona Ita interveio:

– Estou defendendo os meus filhos. Quero saber por que ele mandou você embora – explicou.

– A senhora não deveria estar aqui. Já estou "grandinho" e sei cuidar de mim. Eu vim para isso. Preciso esclarecer algumas coisas.

– Mas, Anderson! Tenho certeza de que ele me ouvirá e vai entender que está cometendo uma injustiça com você – argumentou dona Ita.

– Ele realmente está cometendo uma injustiça, mas eu mesmo quero falar com ele. Gostaria que a senhora me esperasse lá fora.

– Deixe que eu entre com você e assim ele não poderá dizer não, e readmitirá você – insistiu.

– É melhor que esperemos lá fora, mãe Ita – interveio Dulce. – Anderson tem razão! Deixe que ele mesmo resolva isso com o senhor Fausto.

– Agora são dois contra um. Vou chamar um táxi para vocês e, logo que eu saia daqui, prometo que vou encontrá-las no casarão.

– Esta certo! Mas prefiro ficar esperando lá fora. Faz semanas que não me visita e vai acabar não indo de novo ao orfanato – comentou dona Ita.

– Poderá demorar um pouco e é perigoso ficarem lá fora sozinhas. Alguém pode assaltá-las. É melhor voltarem para o casarão, depois vou vê-las – prometeu ele.

Dona Ita não teve como argumentar e achou por bem acatar o pedido de Anderson. Saíram da empresa e recusaram o táxi, preferindo pegar o ônibus no ponto em frente à fábrica. Vendo-se sozinho, Anderson retornou para o prédio. Cada passo que dava em direção à sala do ex-patrão era uma aflição sem fim e pensamentos angustiantes polvilhavam-lhe a mente.

Diante da sala, abriu a porta e deparou-se com o senhor Fausto. Ele, vendo o jovem, assustou-se; recompondo-se, indagou, visivelmente nervoso:

– Você aqui? Ainda tem coragem de estar na minha frente? O que quer, infeliz?

Anderson não se intimidou e respondeu:

– Senhor! Preciso falar-lhe, por favor, escute-me!

– Eu esperava a senhora Benedita e não você. Tudo isso só pode ser uma brincadeira.

– Eu não a deixei entrar, ela foi para a casa. Isso é um assunto meu. Precisamos conversar – insistiu.

– Não tenho nada para falar com você, rapaz! Saia da minha sala agora! – gritou autoritário.

– O senhor vai me ouvir! Não vou sair, sou inocente. Não roubei seu dinheiro. Sou honesto. Precisa acreditar em mim.

– Você era responsável pelo livro-caixa, o dinheiro sumiu. Os números não mentem. Está tudo registrado. Quem foi, então?
– Não sei, senhor! Mas eu não fui. Nunca faria isto. Sou honesto! Dê-me uma chance de provar minha inocência.
– Para mim você não passa de um ladrão. Quero o meu dinheiro de volta ou irá para a cadeia.
– Não tenho esse dinheiro, senhor! – respondeu Anderson quase suplicando. – Não fui eu que peguei, não sou um ladrão.
– Saia da minha sala! – berrou Fausto já descontrolado. – Está avisado! O dinheiro ou a cadeia.

O senhor, em um gesto com as mãos, apontou a saída, e Anderson, percebendo que nada mais poderia fazer, saiu cabisbaixo e desanimado. Tinha esperanças de que ele compreendesse suas aflições e acreditasse em sua inocência. Porém, nada foi como o esperado. O jovem foi para fora do prédio e sentiu-se arrasado com a situação. Precisava ir para o orfanato, tinha prometido a dona Ita que a visitaria e não poderia desapontá-la. O que diria sobre a demissão, pensaria na hora. Decidido, foi para o ponto de ônibus e esperou impaciente.

Capítulo 8

A Briga na Lanchonete

Dulce acomodou dona Ita no sofá. Toda a correria até a fábrica cansou-a. Ela, olhando fixamente para a jovem, perguntou:

– Minha filha, será que Anderson virá?

– Mas é claro! Se ele prometeu. Vou preparar um chá de erva-doce para a senhora. Não é bom que fique assim tão inquieta.

Dulce, rapidamente, preparou o chá e lhe trouxe. Dona Ita estava ansiosa pela chegada de Anderson e olhava constantemente à porta; esses gestos preocupavam a jovem. Depois do jantar, as crianças do orfanato foram despedir-se de dona Ita; uma a uma, beijavam-lhe a face carinhosamente. A jovem acomodou os menores nas camas e os maiores faziam o mesmo com os outros. Depois de tudo organizado, ela retornou à sala para fazer companhia à mãe adotiva, enquanto dona Ita olhava atenta as horas no relógio à sua frente. Era um antigo cuco, que funcionava perfeitamente.

Renata ouviu um barulho. Era o seu pai que chegava de carro, vendo-o foi imediatamente ao seu encontro. Acomodados na sala de estar, ele tirou o paletó e desarrumou a gravata; logo depois se sentou no sofá. Sua esposa preparou-lhe uma bebida a pedido seu. A jovem, olhando para o pai, perguntou:

– Por que o senhor demorou tanto, papai?

– Tinha um encontro com a senhora Benedita. Mas sabe quem apareceu em seu lugar? Seu amigo Anderson.

– Anderson foi falar com o senhor? – redarguiu.

– Sim! Ele teve a ousadia de vir a mim. Mas eu não lhe dei moleza. Fui categórico, o dinheiro ou a prisão.

– Mas o que ele disse ao senhor? – questionou a jovem, interessada no assunto.

— A ladainha de sempre, que é inocente, e não roubou o meu dinheiro. Mas eu não acredito. Foi ele! Não me restam dúvidas.

— Como pode ter tanta certeza, papai? Pode estar enganado. Já pensou nisto?

Com as indagações da filha, o senhor Fausto calou-se por alguns instantes; nesses fatos ele não havia pensado. Aproveitando o momento de reflexão do genitor, Renata arriscou perguntar:

— Pode ser outra pessoa no escritório que fez isso e está colocando a culpa nas costas de Anderson.

— Não acredito nisso. Ele movimentava o livro-caixa, fazia os pagamentos e recebia o dinheiro dos clientes. Ele traiu a minha confiança, isso eu não perdoo.

— Não estou convencida de que seja ele. Alguém aprontou essa — comentou Renata, tentando convencer o pai.

— Então, dona "detetive", quem é essa pessoa? E diga: como o fez? — ironizou.

— Não sei, pai! Mas não vou sossegar enquanto não descobrir a verdade.

— A verdade é simples, minha filha! Anderson roubou-me! Não existe essa tal pessoa que o está incriminando. É apenas uma fuga sua para não enxergar o óbvio — o senhor Fausto fez uma pequena pausa e continuou: — Estou cansado, vou tomar um banho.

Ele não tocou na bebida oferecida pela esposa. Levantou-se e saiu em direção à escada que o levaria até seu quarto. Renata, olhando para a mãe, perguntou:

— O que acha de tudo isso?

— Não sei, minha filha! Eu não gosto de interferir nos negócios do seu pai. Se ele diz que foi esse rapaz, é porque foi!

— Não acredito nessa história. Está muito mal contada. Vou descobrir o que realmente está acontecendo.

— Acho que não deveria fazer isso, Renata! Deixe que o seu pai resolva. Você já tem a faculdade para se preocupar. Para que arrumar mais problemas?

— Quero ajudar um amigo, mãe! Só isso! — enfatizou.

— Mas esse seu amigo fez coisa errada, minha filha! Seu pai não mentiria.

— Talvez ele não esteja vendo as coisas direito — afirmou e, olhando fixamente para a mãe, perguntou:

— Onde a senhora foi hoje à tarde, mamãe? A senhora estava na sala lendo revistas e depois saiu. Demorou. Onde esteve?

– Eu fui fazer compras no supermercado. Cida estava reclamando que faltavam algumas coisas para o jantar e resolvi eu mesma comprar.
– E por que não me convidou para ir com a senhora?
– Desde quando gosta de ir ao supermercado? Eu sempre a convido e nunca quer ir.
– Tem razão! Não tenho paciência com essas coisas.
– Vou mandar arrumar a mesa do jantar. Seu pai deve estar com fome.

A senhora Adelaide retirou-se da sala e foi falar com a cozinheira. Enquanto isto, Renata permaneceu na sala refletindo sobre o diálogo que tivera com os pais. Mais tarde, todos estavam reunidos à mesa na sala de jantar.

Fábio resolveu rever a noiva. Permaneceu com ela por algumas horas e logo depois se despediu da jovem alegando cansaço. No caminho de volta para casa, decidiu visitar o seu amigo Luciano. Juntos, saíram para uma noitada no centro da cidade.

Júlio finalmente chegou a casa e dessa vez não estava embriagado. Entrou silenciosamente na sala e encontrou dona Carolina e sua prima conversando animadamente. Cumprimentou-as e se retirou-se para o seu quarto. Christine olhou para a mãe e indagou:
– O que será que aconteceu para que ele chegasse tão cedo em casa?
– Não sei! Mas graças a Deus que está aqui. Assim, não está aprontando na rua, nem bebendo.
– Tem razão, mãe! Dessa vez ele não está bêbado.
– Vou ver se ele não quer algo para comer. Pode ser que esteja com fome.

Dona Carolina foi até o quarto de Júlio, bateu à porta e perguntou:
– Júlio, está com fome? Se quiser, eu esquento a comida para você.
Ele respondeu sem abrir a porta do quarto para a tia:
– Obrigado! Não estou com fome. Estou com dor de cabeça e só quero dormir.
– Está bem!
A senhora Carolina retornou para a sala onde a filha a esperava e comentou:
– Ele não quis jantar. Acho que Júlio não está bem.
– Pelo menos hoje reinará a paz nesta casa. Não se preocupe com ele.
– Tem razão! Quieto como ele está hoje, dormiremos sossegadas.

As duas mulheres continuaram na sala conversando, enquanto Júlio, deitado em sua cama, meditava sobre o encontro misterioso que teve no final da tarde. Refletia: "Eu estou com as mãos atadas. Não posso fazer o que me mandou. Não posso".

Pensamentos angustiantes dominavam-lhe o íntimo. Aproveitando-se do momento, criaturas perversas rodeavam-lhe e o induziam: "Por que não faz? Vai ganhar muito dinheiro e não gosta dele mesmo". Júlio, sentindo as vibrações daqueles espíritos levianos, não pôde resistir à vontade de embebedar-se, pensava: "Hoje eu não vou beber. Não quero! Tenho de estar consciente para pensar melhor. Eu não gosto dele, mas chegar a esse ponto? Conseguirei fazer o que me mandaram?". O líder do grupo que rodeava Júlio, ouvindo-lhe os pensamentos, gritou em seus ouvidos:

– Covarde! É um covarde mesmo! Não tem coragem de eliminar o seu próprio inimigo. Por que pediu a nossa ajuda?

Júlio, registrando esses pensamentos, confirmou para si. "Sou mesmo um covarde! Eu o odeio, poderia destruí-lo e ainda ganhar um bom dinheiro. Já gastei tudo que ganhei com o servicinho que fiz. O que tenho na poupança é uma miséria. Logo vai acabar. Preciso pensar no que fazer." Ele continuava com as suas aflições íntimas, brigava consigo mesmo entre a ganância e o medo de ser descoberto nos planos malignos. Decidiu sair, não conseguia permanecer no quarto. Passando pela sala, encontrou-se com a tia que fazia a sua inspeção rotineira nas janelas e portas da casa. Vendo-o, questionou:

– Vai sair novamente? E a essa hora?

– Vou sim, tia! Estou sentindo-me sufocado aqui dentro. Preciso de ar.

– Acho melhor que fique em casa, Júlio! As ruas são perigosas a essa hora.

– Vou sair! – gritou.

Dona Carolina assustou-se e emudeceu. Não queria entrar em atrito novamente com o sobrinho. Ele lhe deu as costas e saiu. Aborrecida pelo ocorrido, foi se deitar.

O jovem caminhou até a lanchonete que costumava frequentar. Lá encontrou com alguns amigos seus. Pela madrugada, Júlio, já embriagado, entrou em discussão com alguns rapazes que estavam na mesa ao lado. Irritado, foi para cima de um deles, dando-lhe socos e pontapés, porém, sendo mais fraco que o adversário, acabou apanhando. Aqueles que frequentavam o lugar tentaram separar os brigões. Devido à confusão generalizada, o dono do estabelecimento chamou a polícia. Ao ouvirem as sirenes, fugiram todos, inclusive os fanfarrões que conseguiram escapar do cerco policial.

Júlio, muito machucado e cambaleando, conseguiu chegar à casa da tia horas mais tarde. O dia já estava claro, entrou sem fazer barulho. Acomodado, e com o rosto limpo, observava no espelho os hematomas e as escoriações; resultado da briga. Pensou em sua tia e teria de lhe dar satisfações. Resolveria o que dizer mais tarde, concluiu. Cansado e dolorido, dormiu. Perispiritualmente encontrou com os seus afins e, juntos, combinavam a desforra.

Capítulo 9

A Visita no Orfanato

Finalmente Anderson chegou ao orfanato, para alegria de dona Ita, que não se continha de emoção. Acariciando o rosto do jovem depois de um abraço demorado, comentou:

— Achei que não viria me ver. Senti saudade!

— Mãe Ita! Eu prometi que vinha. Estou aqui! — respondeu sorridente.

Dulce também cumprimentou o rapaz. Juntos os três conversaram por horas a fio. No auge do diálogo, dona Ita perguntou:

— Meu filho! Como foi a conversa lá no escritório com o senhor Fausto?

Anderson não respondeu de imediato, por instantes empalideceu. Sabia que ela acabaria perguntando sobre o ex-patrão e teria de enfrentar essa situação constrangedora. Então, disse:

— Mãe Ita! O senhor Fausto está irredutível. Não quis me ouvir.

— Mas como, meu filho? Por que ele o despediu? O que ele tem contra você?

— Não sei! Mas é melhor deixarmos isso de lado. Vou arrumar outro emprego. Não se preocupe — respondeu, tentando acalmar a velha senhora.

— Meu filho! Você não respondeu à minha pergunta. Por que ele te mandou embora? — insistiu ela.

— Pura antipatia! Essa é a única explicação. Não houve motivo. Simplesmente não queria mais os meus serviços. É melhor falarmos de coisas agradáveis, chega de tristeza. Aqui está tão bonito, que dá vontade até de voltar.

Anderson preferiu desviar o rumo da conversa. Não queria dizer o real motivo da sua dispensa, para não preocupar ainda mais dona Ita. Dulce, entendendo a atitude dele, interviu:

– Ainda temos um quarto vago e muito trabalho. Sempre é bom mais um – brincou.

– Acho que dona Ita não me quer mais aqui. Não é mesmo? – indagou o jovem em tom de brincadeira e com um sorriso largo no rosto.

Dona Ita retribuiu o sorriso. Naquele instante esqueceu os problemas que tanto a afligiam. Alegremente, argumentou:

– Você já está bem "grandinho", não precisa mais desta velha.

Anderson respondeu com um abraço afetuoso e demorado. Ela continuou:

– Vocês serão sempre as minhas crianças. Moram em meu coração.

Dulce aproveitou o momento para abraçá-la também e demonstrar o quanto a amava. Os jovens ficaram juntos àquela mulher; o afeto e o carinho eram tão sinceros que ninguém ousava perturbar o momento tão sublime. Dona Ita enxugava discretamente as lágrimas que teimosamente rolavam na face negra dessa senhora tão bondosa e sofrida.

Anderson continuou na companhia das duas mulheres por mais algum tempo. Notando que já era tarde da noite, despediu-se delas e saiu. Pegou um táxi que o levaria até sua residência.

Dona Ita, acomodada em sua cama, indagou:

– Achei que Anderson estava um pouco triste e preocupado. O que achou, Dulce?

– Para mim ele estava bem. Deve ser impressão da senhora.

– Não é não! Meu coração de mãe não se engana. Sinto que ele está sofrendo.

– É porque perdeu o emprego; é sempre difícil arrumar outro. Deve ser isso que o preocupa.

– Nos tempos de hoje realmente é um grande problema estar desempregado. Mesmo assim, algo mais o preocupa. Ele está me escondendo alguma coisa. Meu coração se aflige por isso – insistiu.

– Não deveria! Anderson já é um homem e sabe se cuidar. A senhora precisa se acalmar. Tem este orfanato para cuidar e os nossos problemas não são poucos.

– Sim, eu sei! Estamos passando por dificuldades – respondeu dona Ita, consternada.

Dulce, percebendo a tristeza que se apossou dela, arrependeu-se do comentário que fez. No entanto, dona Ita sabia das sérias dificuldades pelas quais passava o orfanato. A jovem continuou:

– Não quero preocupá-la! Mas o nosso dinheiro está acabando juntamente com as nossas provisões. As crianças precisam comer. Estou

pensando em falar com algumas pessoas influentes da cidade, talvez consigamos ajuda.
— Vou com você. Elas perceberão a nossa situação e ficarão comovidas.
— Assim espero! — respondeu Dulce, um pouco desolada.
A jovem despediu-se dela com um beijo em sua face como fazia todas as noites. Em seu quarto, no aconchego dos seus lençóis, pôde refletir melhor em sua vida. Não conhecia outro lugar a não ser o orfanato. Completou o Ensino Médio, mas não quis enfrentar uma universidade. Conseguir uma bolsa seria muito difícil, sabia das dificuldades de dona Ita no casarão e precisava ajudá-la. Nunca teve um namorado, nem mesmo nos tempos escolares. Não tinha tempo para isso, ou melhor, nenhum dos rapazes que conheceu lhe proporcionou interesse. Percebendo o tardio da hora, achou melhor fechar os olhos e tentar dormir; conhecia o dia difícil que teria de enfrentar.

Logo que amanheceu, a senhora Carolina estava na cozinha preparando o café. Com tudo pronto, foi acordar a filha e o sobrinho. Christine já estava acordada e arrumando-se para ir à universidade. Foi chamar o sobrinho; bateu várias vezes na porta do quarto, como não obteve resposta e certificando que não estava trancada, decidiu entrar e assustou-se. O sobrinho estava com o rosto todo edemaciado em consequência dos ferimentos que recebeu. Ela tentou acordá-lo, mas devido à embriaguez da noite anterior mal conseguia abrir os olhos. Dona Carolina, percebendo que não adiantaria chamá-lo, desistiu. Dirigindo-se ao quarto da filha, comentou abismada:

— Seu primo está todo machucado. Acho que ele brigou com alguém.
— A senhora não o acordou?
— Não consegui! Acho que ele bebeu ontem. Os olhos e a boca estão todos inchados. Dá até medo de olhar.
— Não sei como a senhora aguenta. Deveria mandar Júlio embora.
— Não tenho coragem de fazer isto. Nós somos a sua única família. Ele não tem juízo; se eu o abandonar, não sei o que será dele.
— Bem! Acho que tem razão. Mas ele vai perder o emprego. Ontem não foi e hoje não vai novamente. Logo vão pôr ele no olho da rua.
— Sim, eu sei! Mas como irá daquele jeito, todo machucado? Vou esperar um pouco e depois vou tentar acordá-lo. Ele precisa ir ao médico.
— Teimoso do jeito que é, duvido que vá. Bem! Já estou atrasada. Preciso ir.

Christine despediu-se de sua mãe como sempre fazia e saiu rumo ao ponto de ônibus, enquanto a senhora Carolina ficou pensativa com relação ao sobrinho brigão.

Renata tomava café à mesa quando seu pai aproximou-se. Eles se cumprimentaram respeitosamente. Vendo-se a sós, ele aproveitou para comentar:

– Amanhã termina o prazo que eu dei ao seu amigo. Se ele não me devolver o dinheiro, vou mandá-lo para a cadeia.

– Por favor, papai! Não faça isso. Sabe o que farão a ele na cadeia. Por favor! Dê-lhe mais tempo. Sinto que ele é inocente.

– Não sei o que você tem com esse rapaz, Renata. Já lhe falei que ele é um ladrão. O lugar dele é na prisão.

– Papai! Isso é desumano! Jovem como ele e diplomado, não pensarão que é um preso comum. Vão imaginar que ele roubou o senhor para investir em algo sinistro contra o governo. Será torturado.

– O que me importa! Ele quis assim. É só ele me devolver o que me roubou.

– Já passou pela sua mente que ele pode ser inocente e o senhor o está julgando depressa demais?

– Olhe como fala comigo, mocinha! Sei muito bem o que eu estou falando. Conheço pessoas como ele, que se fazem de santo e na verdade são cobras peçonhentas.

– E como enfrentará a dona Ita, papai? Já pensou como ela ficará vendo o filho preso?

– Anderson não é filho dela.

– Mas ela o criou como filho. Ela não suportará vê-lo preso e nas mãos da polícia.

– Isso não irá me convencer. Eu sei o que faço. Já estou atrasado. Quer que eu a leve? – perguntou, ríspido.

– Não! Posso pegar um ônibus. Dá tempo – respondeu secamente.

– Ótimo! – concordou o pai da jovem com hostilidade.

O senhor Fausto saiu apressado e, muito aborrecido, bateu a porta da frente. Renata pegou as coisas e ia sair quando foi abordada pela sua mãe, que acabava de acordar; ouvindo o barulho da porta, indagou:

– O que houve com o seu pai, Renata? Por que ele saiu dessa maneira tão zangado?

– Nada, mamãe! Ele está irritado por causa dos problemas da fábrica.

– Ele nunca agiu assim. Acho que vocês brigaram novamente. Por isso saiu bravo.

– Não brigamos! Está tudo bem! Preciso pegar o ônibus.
– Por que não espera e eu mando o motorista levar você? Não há necessidade de ir de ônibus.
– Eu sei! Mas não precisa chamar o motorista. Irei de ônibus.
– Não sei que graça há em ir em uma condução com tanta gente e aperto.
– Mãe! Preciso ir, até mais!

Renata despediu-se e saiu. Andou alguns metros até o ponto de ônibus e logo a sua condução chegou.

Anderson acordou cedo; não se sentia muito bem devido à noite mal dormida. Olhou-se no espelho e sentiu pena de si mesmo. Tomou o seu café e saiu para comprar um jornal. Em casa, novamente o folheava cuidadosamente na seção de classificados, e aquilo que achava interessante, circulava. Rabiscou alguns endereços e saiu levando o seu jornal; tinha esperanças de arrumar emprego.

Capítulo 10

A Fraqueza de Anderson

O senhor Fausto chegou à sua empresa, arrumou os papéis que estavam à mesa e refletiu: "Anderson deve estar atrás de emprego. Preciso avisar alguns amigos meus que ele é um mau empregado e ladrão". Imediatamente, pegou o telefone e começou a discar os números desejados, fazendo isso a manhã toda. Waldemar entrava na sala do seu chefe constantemente para que ele assinasse alguns documentos e estranhou seu comportamento, pois ele não tinha o costume de ficar ao telefone tanto tempo. Isto o deixou muito curioso.

Anderson passou o dia todo batendo de porta em porta à procura de emprego, mas a resposta era sempre negativa. Ele começou a desconfiar que algo estivesse errado, pois era bem qualificado para algumas áreas e mesmo assim era recusado.

Exausto, parou em um bar; desanimado e desesperançoso, começou a beber; como não tinha esse hábito, alguns goles foram o suficiente para embriagar-se. Em consequência do excesso da bebida, acabou caindo no chão perdendo os sentidos, mas recuperou-se logo em seguida. Falava muito e alto, também insultava os frequentadores do estabelecimento. Ao cair novamente, desmaiou; alguns rapazes que estavam no local tiraram-no dali e o deixaram em uma rua próxima, encostado em um muro. Acreditavam que ele seria mais um bêbado que traria problemas ao lugar.

Sozinho e quase sem sentidos, foi um alvo fácil para assaltantes, que revistaram o seu bolso, levaram sua carteira, com o pouco dinheiro que possuía, documentos e o relógio. Ele tentou reagir, mas um deles lhe deu um soco, deixando-o caído no chão. Os malfeitores saíram correndo, temendo serem vistos por alguém ou serem pegos pela patrulha policial. A rua estava vazia e a noite já se fazia presente.

Com sacrifício conseguiu se levantar; estava com os lábios sangrando e, atordoado, mal conseguia caminhar; o desequilíbrio era geral e, a cada passo, caía no chão. Anderson não conseguia ficar de pé. A cada tombo, os desencarnados que viram toda a cena desde o assalto até a queda riam. Eram espíritos que rodeavam o bar atrás de encarnados que se embriagavam para assim sugar-lhes os fluidos deletérios.

O jovem, tendo ainda alguma consciência do que estava lhe acontecendo, olhou para o céu e notou que estava tarde; lembrou-se do seu amigo Luciano, era o único que poderia ajudá-lo e possuía telefone. Porém, não se lembrava do número; desanimado, permaneceu na calçada e acabou perdendo os sentidos novamente.

Waldemar, preocupado com o amigo Anderson, resolveu ir visitá-lo logo que saiu do trabalho. Diante do pequeno portão da casa, chamou-o várias vezes. Sem êxito, foi embora. Ao chegar em casa, como de costume, sua refeição estava pronta e sua mãe o esperava. Depois de arrumar-se, sentou-se à mesa para o jantar na companhia dela. Trocaram algumas palavras, mas o jovem sentia-se apreensivo pelo amigo e pelas atitudes suspeitas do patrão.

Por insistência da mãe, acabou comentando o que tanto lhe aborrecia. Compreensiva, aconselhou-o a retornar à casa de Anderson, pois assim que o encontrasse ficaria mais tranquilo. Logo que terminou o jantar, Waldemar saiu rumo à casa do amigo.

Christine arrumou-se para esperar o noivo, que logo chegou. Permaneceram na varanda por algumas horas, mas alegando que estava calor, a jovem pediu que ele a levasse a uma sorveteria. Depois de avisar sua mãe e ouvir as recomendações, o casal saiu.

Júlio passou o dia todo trancado no quarto cuidando das luxações no rosto e de alguns hematomas no corpo. Não foi trabalhar, apesar da insistência da tia. O tilintar do telefone na casa cortou o silêncio do local. Dona Carolina ia atender quando foi surpreendida pelo sobrinho dizendo que atenderia.

Ela estranhou o fato, mas silenciou. Júlio, ao telefone, apenas limitou-se a responder por monossílabos. Logo desligou o aparelho. Sua tia indagou curiosa:

– Quem era ao telefone?

– Era apenas um amigo, tia. Quer se encontrar comigo – respondeu sem lhe dar mais explicações.

– Eu conheço esse amigo seu? – insistiu.

– Não, tia! – respondeu secamente, demonstrando não querer dialogar.

– Precisa parar de beber. É jovem ainda e vive arrumando encrencas e confusões. Vai perder o emprego, pois tem faltado muito.
– Não se preocupe, tia. Sei cuidar de mim. Vou sair, já estou atrasado para o meu encontro.

Antes que sua tia esboçasse qualquer reação, Júlio deu-lhe as costas e saiu deixando-a sozinha e muito preocupada com as atitudes dele. Sabendo que nada poderia fazer, sentou-se na varanda e esperou pacientemente pela filha que voltaria logo.

Waldemar, chegando à casa do seu amigo, percebeu que estava tudo escuro e provavelmente ele ainda não havia chegado. Mesmo assim resolveu chamá-lo, sem sucesso. Decidiu dar uma volta no quarteirão, talvez o encontrasse.

Dona Ita e Dulce tiveram um dia muito cansativo; andaram à procura de recursos materiais para o orfanato. Conversaram com algumas pessoas influentes da cidade que prometeram dar-lhes uma pequena ajuda. Dona Ita conseguiu algumas doações tanto em dinheiro como em alimentos, mas que ainda não eram suficientes. O orfanato estava passando por sérias crises e isso a deixava muito apreensiva; mas sendo portadora de grande fé foi para o seu quarto e, em seu pequeno oratório, ajoelhou-se e orou fervorosamente pedindo ajuda Divina.

Suas palavras sinceras vinda do seu coração bondoso eram ouvidas e Espíritos responsáveis pela casa providenciavam a ajuda que tanto ela pedia, o que era meritório para todos. Reconfortada graças às orações, foi se deitar e ouviu batidas na porta; era Dulce que lhe chamava:
– Vim lhe dar um beijo de boa noite.
– Venha para perto dessa velha, minha filha!

A jovem obedeceu e sentou-se na cama ao lado dela. Envolvida por aquela doce criatura, ela beijou-lhe as mãos demonstrando o respeito e a admiração que sentia. Dona Ita comentou:
– Não fique preocupada com os problemas do orfanato. Deus proverá! Tenho fé que seremos amparadas.
– Gostaria de ter essa confiança. Hoje tantas pessoas que possuem muito dinheiro nos deram as costas. Deixaram-nos praticamente falando sozinhas.
– Não fique magoada com elas, desconhecem ainda o sentimento de doar-se pelo próximo. Mas aprenderão, é apenas uma questão de tempo.
– Ainda bem que pessoas bondosas nos ajudaram. Nem todas nos viraram as costas.

– Sim! Tivemos hoje uma grande ajuda e isso é o que nos importa. Saibamos orar por todos.

Dulce silenciou, sabia que dona Ita tinha razão; andaram muito o dia inteiro e, apesar da indiferença de algumas, elas obtiveram grande ajuda de outros que beneficiaram as crianças; o que receberam daria para mais alguns dias.

Dona Ita pensou em Anderson e entristeceu, olhou para a jovem e disse:

– Estou com um pressentimento ruim quanto a Anderson. Não sei o que é, mas acho que ele não está bem.

– Ele está desempregado; é natural que esteja aborrecido. A senhora deveria preocupar-se mais consigo, vai acabar adoecendo por ficar assim tão nervosa por causa dos outros. Anderson sabe se cuidar – observou.

– Eu sei! Mas quando me lembrei dele, senti um aperto no coração. Acho que vou orar por ele, talvez esteja precisando.

– Eu a acompanho, mãe Ita.

Dulce a levou até o oratório e deixou-a sozinha; era assim que ela gostava de orar. Ficou esperando-a e pôde refletir nas palavras da idosa. A jovem não queria concordar com ela, mas também estava preocupada com Anderson, pois não sabia o real motivo da sua dispensa e se ele conseguiria arrumar outro emprego tão rápido como precisava. Acreditava também que o diálogo que ele tivera com o ex-patrão de nada adiantara.

Dona Ita retornou para sua cama, Dulce a cobriu e despediu-se dela. Na cabeceira da cama, leu um trecho do livro *O Evangelho Segundo o Espiritismo*, que ganhou de uma vizinha que frequentava o centro. Por meio dela conheceu a doutrina Espírita, tornando-se frequentadora assídua nos dias de Evangelho na Casa. Por isso toda a noite, antes de dormir, lia alguns trechos para a sua reflexão. Cansada, deitou-se, mas antes orou em favor de Anderson. Serena, adormeceu.

Anderson continuava caído na calçada; estava muito bêbado e perdia aos poucos o sentido das coisas.

Waldemar andou pelos arredores do bairro e não encontrou o amigo. Notou que estava demasiadamente tarde e deveria estar cedo no trabalho. Exausto, desistiu das buscas e retornou para casa.

Christine e o noivo foram a uma sorveteria como ela desejava, permaneceram por algumas horas e depois saíram. O casal percorreu alguns quilômetros de carro quando, ao passar por um trecho do caminho, algo chamou a atenção da jovem; percebeu que o homem caído no chão

era conhecido. Fez com que o noivo parasse o carro imediatamente. Fábio, assustado com a sua atitude, perguntou:
— O que houve? Por que me mandou parar de repente?
— Tem um homem caído lá na rua, está parecendo o Anderson.
— Não pode ser. É só um bêbado na calçada.
— Faça o retorno, quero ver mais de perto. Tenho certeza de que era ele.

Fábio, meio a contragosto, acabou obedecendo. Chegando ao local, certificaram que se tratava de Anderson. A jovem foi taxativa:
— Vamos ajudá-lo! Não podemos deixá-lo assim na sarjeta.
— É o que ele merece. Era só o que me faltava, não vê que ele está bêbado. Não vou ajudá-lo.
— Bem! Se não quer, não precisa. Mas eu vou.

Decidida, Christine saiu do carro e foi ao encontro daquele homem no chão. O noivo, vendo que não tinha escolha, resolveu segui-la, entretanto estava furioso. Anderson percebeu a aproximação, levantando a cabeça, os reconheceu. Irônico perguntou:
— Como estão os pombinhos apaixonados? Vieram dar risada da minha desgraça?

Embriagado, perdeu os sentidos. Christine, olhando para o noivo, disse:
— Vamos levá-lo para o carro e deixá-lo em casa.
— Não no meu carro! Bêbado do jeito que está vai vomitar no banco.
— Não podemos deixá-lo aqui, Fábio! Não vê o estado dele, está machucado e com as roupas rasgadas. Ele deve ter sido assaltado.
— Por que ele bebeu desse jeito. Sempre disse a você que ele era um fracassado. Agora está aí a prova.
— Chega, Fábio! Não é hora de discussões. Eu não vou deixá-lo aqui. Não seria cristão. Por favor! Esqueça neste instante as diferenças com ele.

Christine falou quase em um tom suplicante, comovendo Fábio que respondeu:
— Tudo bem! Se quiser ajudá-lo, eu concordo. Mas no meu carro dessa maneira ele não entra – disse decidido.
— O que faremos então?
— Vamos chamar um táxi e segui-lo. Quando chegar a casa desse perdedor, eu o colocarei lá.
— É uma boa ideia. Vamos fazer isso.

O casal ficou a postos na esperança de logo encontrar um táxi disponível. Alguns minutos de espera e finalmente Fábio avistou um e fez sinal para pará-lo. Rapidamente explicou ao motorista a situação, ele ficou um pouco receoso em virtude da embriaguez de Anderson, mas o jovem o convenceu oferecendo mais dinheiro.

O motorista colocou Anderson no carro. Percorreram alguns quilômetros que separavam de onde eles estavam até a casa do beberrão. Fábio revistou os bolsos de Anderson para achar a chave da porta; de posse dela, abriu-a. O taxista ajudou Fábio a colocar o ébrio na cama. Depois o jovem pagou o motorista como combinado, fechou cuidadosamente a porta e saiu, retornando para o carro onde Christine o aguardava. Junto dela comentou, sarcástico:

– Pronto! Missão cumprida! O "seu amigo" está dormindo como um anjinho. Está satisfeita agora!

– Não seja irônico, Fábio! Fizemos o que era certo. Não poderíamos deixá-lo daquela maneira na rua.

Fábio suspirou e por alguns segundos calou-se. Sabia que ela estava com a razão. Para evitar mais problemas, comentou:

– Apesar de não gostar dele, no fundo você está certa. Não poderíamos deixá-lo. Vou avisar Luciano sobre o que fizemos e pedir para que ele passe aqui para vê-lo. O que acha?

Christine sorriu e respondeu:

– Ótimo! Fico feliz que esteja pensando assim.

– Agora vamos embora. Sua mãe deve estar preocupada.

Fábio olhou atentamente para a noiva e a beijou. Mais tarde estavam diante da casa de Christine, e novamente, entre beijos e abraços apaixonados, despediram-se. A bela jovem entrou e, na sala, deparou-se com a mãe que, sentada no sofá, ainda tricotava. Dona Carolina indagou:

– Nossa! Como demorou. O que houve?

– Mamãe! A senhora não vai acreditar no que aconteceu.

Imediatamente a genitora largou o que estava fazendo e, curiosa, perguntou:

– Conte-me! O que aconteceu?

Rapidamente Christine narra em detalhes todo o ocorrido. Dona Carolina, atenta a tudo, comentou logo que a filha terminou:

– Nossa! Anderson bêbado. O que será que está acontecendo com ele?

– Não sei, mãe! Mas dava dó ver o jeito que ele estava. Completamente sem sentidos na calçada. Uma cena terrível.

– Fez bem em ajudá-lo, minha filha! Fico contente que tenha tomado a decisão certa.

— Fábio reclamou, não queria ajudá-lo. Mas acabou fazendo o que pedi. Realmente não me senti bem vendo o estado dele.

Dona Carolina nada comentou, enquanto Christine continuava falando sobre os acontecimentos que presenciou. Assim permaneceram conversando noite adentro.

Fábio, ao chegar à sua luxuosa residência, pegou o telefone. Rapidamente narrou os fatos para Luciano e pediu a ele que fosse à casa de Anderson. Luciano, atento a tudo, saiu logo que desligou o telefone. Fábio sentou-se no sofá e sozinho pode realmente meditar no ocorrido. Apesar da rivalidade entre os dois, não se sentiria bem deixando-o todo machucado e sem sentidos na calçada. Pensou também na noiva e decidiu que iria pedi-la em casamento, já estava na hora de marcar a data. Percebeu que ela estava muito preocupada com o seu rival e isso o aborreceu muito. Ele ainda era um perigo para o relacionamento dos dois. Casados, Anderson se afastaria de Christine. Tinha certeza de que ela não nutria nenhum sentimento por ele, mas o casamento certamente afastaria o rival.

Waldemar entrou em sua residência e encontrou a mãe, que continuava acordada esperando por ele. Conversaram por alguns minutos e, quando estava se preparando para dormir, ouviu batidas à porta. Era Luciano que o chamava; vendo-o tão tarde em sua casa, pensou no pior. Mas o amigo o tranquilizou, narrando rapidamente o que ouvira de Fábio e o convidou para irem juntos ao encontro do amigo beberrão.

Diante da casa perceberam que a porta não estava trancada e entraram. O ambiente do quarto ainda exalava o cheiro de bebida e tentaram acordá-lo, em vão. Anderson dormia profundamente. Os dois amigos limparam o rosto dele, pois estava sujo de sangue em consequência do corte no supercílio; os lábios apresentavam inchaços devido aos socos que recebeu quando foi assaltado. Waldemar, cuidadosamente, higienizou os ferimentos. Ao terminar, comentou com o amigo que o ajudava:

— Anderson está mal mesmo. Chegar a esse estado é porque está muito desiludido e sem esperança no futuro. O que faremos para ajudá-lo?

— Por enquanto, nada! O que tínhamos de fazer, você já fez. Amanhã voltaremos aqui e conversaremos com ele.

Waldemar balançou a cabeça confirmando o que o amigo dissera. Cobriram-no com uma colcha para que não sentisse frio e saíram. Juntos, combinaram que visitariam o amigo logo que possível.

Capítulo 11

O Desespero de Dulce

Depois de um longo bate-papo com a filha, dona Carolina, sozinha, refletia sobre a sua vida. O sobrinho não havia chegado e isso a preocupava. Todas as noites era a mesma coisa: espera e brigas no final. Essa situação estava lhe cansando. Sua filha casada e Júlio tornando-se um rapaz correto e responsável eram os seus maiores sonhos, desejos fáceis de ser realizados, por que não conseguia concretizá-los?, perguntava de si para consigo. Suas reflexões foram interrompidas pela chegada do seu sobrinho, que para seu espanto não chegou bêbado. Ele, olhando fixamente para a tia, comentou:

– Ainda acordada, tia! Não me diga que está me esperando?

– Não! Estava pensando em minha vida e não percebi a hora passar. Quer café, Júlio? – perguntou, desejando ser gentil.

– Obrigado, tia! Mas vou me deitar, estou um pouco cansado.

– Vai trabalhar amanhã?

– Não! Não vou mais! Pedi demissão do emprego – respondeu.

– Como? Por que não me disse? – indagou demonstrando preocupação.

– Calma, tia! Arrumei outro melhor. Vou trabalhar na empresa de calçados do ricaço, o senhor Fausto.

– Anderson trabalhou nessa fábrica por muitos anos – comentou dona Carolina.

– Ele não foi namorado de Christine?

– Sim! Mas sua prima teve juízo e acabou logo o namoro.

– Não sabia que a senhora era contra o namoro dela. Mas também nunca fico sabendo das coisas desta casa – comentou em tom de ironia.

– Se você parasse mais em casa, saberia dessas coisas. Eu não era contra esse namoro. Anderson é um rapaz muito bom, mas, coitadinho! Com o que ganhava, que conforto poderia dar a ela? Foi para mim um alívio quando ela terminou esse namoro. Mas não sabia que o conhecia – disse dona Carolina curiosa e surpresa pelo interesse do sobrinho.

– Eu só o vi no portão conversando com Christine algumas vezes. Ela me apresentou ele uma vez e foi só. Bem, tia! – exclamou ele. – Vou dormir, boa noite!

– Boa noite!

O jovem, instalado em seu quarto, refletia no diálogo que tivera com a tia. Não queria levantar suspeita das suas reais intenções, quanto ao seu novo emprego, e o misterioso encontro que teve à tarde não saía da sua cabeça. Pensou: "Estou realmente encrencado, não sei o que fazer. Está sempre interferindo em minha vida, quer isso ou aquilo. O dinheiro que me deu já esta acabando. Bem! Isso não é problema. Posso conseguir mais e aí vou fugir para bem longe daqui. Ficarei livre de tudo e de todos".

Júlio sorriu sarcasticamente e começou a maquinar um plano perverso e assim atraiu para si espíritos desencarnados – entre eles estava um inimigo seu de outrora esperando apenas uma chance. Olhando para o jovem, comentou com os demais:

– Eu não disse que ele era presa fácil? Vai nos obedecer e a irresponsabilidade será a sua ruína. Então eu estarei vingado. Vingarei-me dos dois. Pagarão pela traição que me fizeram – dizia cerrando os dentes e o punho em um gesto de extremado ódio.

Júlio, sentindo a atmosfera ruim à sua volta e o inimigo à espreita, começou a passar mal; a melancolia tornou-se presente em seu ser, não conseguia entender por quê. Pensou: "Acho que vou sair e tomar um *drink* no bar, ainda está cedo. Minha tia já está dormindo e não perceberá minha saída". Rapidamente se arrumou e saiu. Os desencarnados que o rodeavam seguiram-no.

Anderson acordou nas primeiras horas da manhã, estava com o corpo com escoriações e dolorido. Olhando-se ao espelho pôde perceber a extensão do ocorrido. Com dificuldade, lembrou-se vagamente da noite passada, e isso amargava seu coração. Não tinha certeza, mas achava que Christine e o noivo conversaram com ele. Eram recordações fragmentadas e sem nitidez. Como teria chegado em casa? Será que eles o teriam trazido? Perguntas vinham à sua mente. Sentia fortes dores de cabeça e enjoo, mal tocou no café.

Resolveu sair e ir a pé até a casa de Luciano, ele trabalhava na oficina mecânica do pai e poderia arrumar um tempo para conversarem. Depois, à noite, iria ver Waldemar. Traçando o seu roteiro para aquele dia, saiu.

Quando Júlio retornou a casa, já era dia e estava embriagado; na ida ao bar tinha esperanças de encontrar o brigão da noite passada, queria desforra. Andou por algumas lanchonetes nas imediações, sem sucesso. Para não acordar sua tia e discutirem, fez todo o possível para não fazer barulho. Teria uma entrevista com o senhor Fausto às 15 horas, e precisava descansar para estar apresentável para vê-lo.

Renata levantou mais cedo do que de costume, olhou para o relógio em cima da sua cabeceira e pensou: "Não são nem 6 horas e não consigo dormir. Acho melhor levantar e arrumar-me, assim terei tempo de sobra para tomar um bom café" – imediatamente levantou-se e tomou um banho.

A cozinheira da casa fazia o café para os patrões, que logo estariam à mesa. Ela assustou-se com a jovem logo cedo na cozinha, que preferiu tomar seu café ali mesmo. Ao terminar, despediu-se dela e recomendou que avisasse aos pais que já estava indo para a universidade, e como tinha tempo, iria a pé. Ela balançou a cabeça num gesto afirmativo, Renata pegou as suas coisas e saiu.

O orfanato iniciava a rotina diária. Dulce preparava o café para os internos, que acordariam em instantes. Ela estranhou o fato de dona Ita não ter se levantado. Era a primeira a estar na cozinha e gostava de despedir-se das crianças que iam à escola. Depois de tudo pronto, curiosa e muito preocupada foi até o quarto dela. Bateu na porta e ouviu a voz ofegante mandando que entrasse. A bondosa senhora ainda estava deitada. Dulce aproximou-se dela e perguntou, sentindo receio:

– O que a senhora tem, mãe Ita? Por que não foi tomar café e despedir-se das crianças?

– Eu não estou bem! Sinto muitas dores no corpo.

A jovem colocou a mão na fronte de dona Ita e percebeu que estava febril. Comentou:

– A senhora está ardendo em febre. O que faço, meu Deus! – exclamou, já nervosa com a situação.

– Não é nada para se preocupar. São apenas "coisas" da velhice – respondeu a senhora, com a voz ofegante.

– Vou chamar o doutor Honório. Ele pode nos ajudar.

– Não precisa, minha filha! Apenas um descanso me fará bem – argumentou.

Dulce não redarguiu e mandou um dos funcionários da casa chamar o médico imediatamente. Feita as recomendações, retornou para o quarto. Sentou-se ao lado da cabeceira, sentia-se receosa com relação ao estado doentio de dona Ita e permaneceu em angustiante silêncio à espera do médico.

O doutor Honório chegou logo que foi notificado. Dulce, ao vê-lo, sentiu-se aliviada. Ele examinou a enferma e constatou que dona Ita necessitava de mais cuidados e era viável a internação imediata. A jovem assustou-se com a notícia, não imaginava que o estado dela fosse tão grave. O médico esclareceu:

– Não tenho recursos para cuidar dela em casa. Será necessário interná-la. No hospital temos tudo de que precisarmos.

A senhora, ouvindo as explicações do médico, disse:

– Eu não quero ir, doutor! As crianças precisam de mim. Como vou afastar-me de minha casa?

– Mas, mãe Ita! É necessário para a sua saúde. Aqui, doente, não poderá ajudar as crianças. Não quero que nada aconteça de mal à senhora. Por favor, ouça o médico – suplicou Dulce.

As palavras comovedoras de Dulce impressionaram dona Ita, que concordou com a internação. O doutor Honório imediatamente mandou chamar a ambulância, e a bondosa senhora foi transferida para o hospital público da cidade. Dulce a acompanhou, porém, antes de ir, fez as recomendações necessárias aos dois funcionários que ficaram cuidando do casarão. O médico não disse nada à jovem, mas o estado de dona Ita era preocupante.

Anderson andava em direção à casa de Luciano e no caminho encontrou com Renata, que ia para a universidade. Ao reconhecer o rapaz à sua frente, seu coração bateu mais forte, suas mãos suavam. A presença dele emocionou-a; tentando controlar-se, fez um esforço enorme para não demonstrar o que sentia no momento. Os dois jovens cumprimentaram-se. Anderson foi logo perguntando:

– Andando logo cedo, Renata! Não é muito longe a universidade da sua casa para você ir a pé?

– Um pouco – respondeu com sorriso espontâneo, e continuou: – Acordei muito cedo e, como o dia está bonito, resolvi ir andando até a faculdade.

Os dois jovens calaram-se por alguns instantes. Renata, quebrando o silêncio, perguntou:

– O que houve com o seu rosto, Anderson, andou caindo?

O bonito jovem ficou um pouco sem graça com a indagação dela, e percebendo constrangimento dele, Renata desviou o assunto dizendo:

– Não quer acompanhar-me até a faculdade? Assim não ando sozinha.

Anderson sorriu, concordando com o convite. Os jovens continuaram a andar em direção à universidade; no caminho o jovem comentou o pouco que recordava da noite anterior. Renata ouviu atenta sua explicação e, no diálogo, ele deixava claro que ainda era apaixonado por Christine. Essa revelação deixou Renata um pouco consternada. Ao chegarem ao destino, os dois amigos se despediram, porém prometeram encontrar-se novamente para um longo bate-papo.

No hospital, após os primeiros procedimentos médico, dona Ita foi internada. Dulce permaneceu com ela por algum tempo, mas era necessário deixá-la e retornar para o orfanato. Ao sair, Dulce foi falar com o médico e perguntou:

– Doutor! O estado de mãe Ita é muito grave? Estou preocupada com ela.

– Sim! Minha jovem! Em virtude da idade de dona Ita, tudo se agrava.

– Mas, doutor! O que ela tem?

– Ela está com pneumonia e as radiografias indicam que todo o pulmão direito está comprometido.

– Doutor, como isso pôde acontecer? Eu não descuido dela.

– Gripes mal curadas e o cansaço; agravado a isso, a idade dela. Tudo desencadeou esse quadro.

– Senhor! Eu mesma cuido dela e faço com que se alimente direito, mas quando está nervosa se recusa a comer e também por várias vezes ela saiu ao relento e na chuva à procura de ajuda para nossos internos. Eu mesma saio com ela. Doutor, será que ela...

Dulce não conseguiu pronunciar mais nenhuma palavra; a dor e a angústia feriam-lhe fundo o coração. Temia o desencarne daquela que muito amava. Lágrimas abundantes e sofridas escorriam-lhe o meigo rosto.

O doutor Honório conhecia há muitos anos dona Ita e isso fez com que se afeiçoasse a ela e à sua causa. Também estava entristecido com toda essa situação. Tentando consolá-la, comentou:

– Não sejamos pessimistas. Dona Ita é uma mulher forte, sempre foi, e é corajosa também. Ela superará tudo isso.

– Se eu perdê-la, não sei o que farei, e o orfanato depende dela. As crianças a adoram. Meu Deus! Não leve mãe Ita! – exclamou, chorando sem parar.

O médico, vendo-a nervosa e muito aflita, deixou que ela chorasse até que se controlasse por si. Depois de alguns minutos, ele disse:

– É melhor que vá para casa, minha jovem, e descanse! Ficando assim, em nada ajudará dona Ita. Ela precisa de você no orfanato. Eu cuidarei dela e farei tudo o que estiver ao meu alcance. Não se preocupe.

Dulce, enxugando as lágrimas, tentou recompor-se e despediu-se cordialmente do médico, dizendo que voltaria na hora da visita. Foi mais uma vez ao quarto do hospital onde estava a enferma, beijou-lhe a face e saiu. Dona Ita dormia em virtude dos medicamentos que lhe foram administrados. A jovem saiu desolada do hospital; de todos os problemas que enfrentava nada se comparava ao que estava passando. A doença repentina dela feriu-lhe fundo a alma, e a incerteza quanto ao restabelecimento de sua saúde deixava Dulce apreensiva. Sem rumo definido, sentou-se em um banco de jardim em frente ao hospital e lá permaneceu sem se dar conta do tempo.

Capítulo 12

A Enfermidade de Dona Ita

Anderson, de volta à casa, desistiu de visitar o amigo Luciano, e nada sabia da internação de dona Ita. Sentado tranquilamente no sofá, refletia sobre o encontro repentino que tivera com Renata. O diálogo com ela fez-lhe muito bem e sentia-se renovado e esperançoso diante das dificuldades que estava enfrentando. Calmamente começou a folhear o jornal que tinha comprado e olhava atento aos classificados, precisava arrumar um emprego logo, pois as suas economias estavam acabando.

Na sala de aula, Renata relembrava os poucos momentos que desfrutou ao lado de Anderson. Não imaginava encontrá-lo. Tinha sido uma surpresa muito agradável. Por causa de seus pensamentos estava desatenta à aula, e sua amiga percebeu a distração. Na primeira oportunidade, ao saírem, Christine indagou:

– Está tão distraída e quieta hoje, Renata! Sempre fala demais e hoje passou a manhã toda calada. Parece perdida no tempo. O que aconteceu?

– Nada, Christine! Nada!

– Como nada? Aconteceu algo e você não quer me contar. Grande amiga é você.

– Está bem, Christine! Hoje, por acaso, encontrei o Anderson e ele me acompanhou até aqui. Satisfeita agora?

– E só por isso que está assim! O que conversaram? Ele ainda está apaixonado por mim? – indagou, com ar sarcástico.

– Não seja convencida, Christine! Nem tocamos em seu nome. Ele me contou dos problemas que enfrentava e das dificuldades em arrumar um emprego.

– Você está mentindo, Renata! Só para me chatear. Sei que ele ainda me ama, não consegue me esquecer. Mas isso pouco me importa. Você sabe que eu e Fábio o levamos para casa na noite passada, ele estava "morto de bêbado" e ainda tinha sido roubado e surrado. Ele não lhe contou isto?

– Ele realmente estava com o rosto machucado e acho que nem desconfiou que foi assaltado. Nem se lembrava direito de quem o levou para casa. Foi o que ele me disse – justificou.

– Não se lembrava ou não quis lhe contar? Anderson está se fazendo de vítima, merece o que está passando.

– Não diga isso, Christine! Ele é um bom rapaz e merece ser feliz.

– Acho melhor mudarmos de assunto antes que acabemos brigando.

– É melhor mesmo – afirmou Renata, já contrariada com a amiga.

Juntas e em silêncio retornaram à sala de aula e logo foi dado o sinal avisando o término do intervalo.

Anderson leu minuciosamente o jornal e novamente circulou as ofertas de emprego que mais lhe interessavam. Lembrou-se de Jacinto, fazia dias que não o via e, já que iria ficar fora o dia todo e passaria nas proximidades de onde ele trabalhava, aproveitaria para lhe fazer uma visita. Arrumou-se com destreza, teve o cuidado de não esquecer o jornal, mas não conseguia achar os seus documentos. Procurava incessantemente por eles pela casa.

Dulce, chegando ao orfanato, abriu o portão e sentiu-se vazia; angustiada, lembrou-se dos internos e de si, o que fariam sem mãe Ita?, pensou. A tristeza a envolveu e seus olhos encheram-se de lágrimas. Fez o possível para não chorar, porém era difícil evitar. Tentou novamente se recompor para que os outros não percebessem o quanto sofria e, quase que robotizada, entrou.

Logo foi cercada pelos dois funcionários que queriam saber notícias de dona Ita. A jovem contou-lhes o que sabia e dessa vez não se conteve. Novamente chorava sem poder se controlar. Eles tentavam consolá-la em vão. Queria ver as crianças, mas não naquele estado. Achou melhor ir para o seu quarto; lá pegou o seu livro, leu alguns trechos do *Evangelho Segundo o Espiritismo* para que, com isso, conseguisse confortar-se e conter a tristeza que sentia.

Orou fervorosamente em favor de dona Ita; suas orações sinceras e as emanações de amor foram envolvendo o corpo cansado da enferma, no hospital. Os Espíritos Benfeitores ministravam passes curadores na região do tórax, envolvendo o pulmão doente. Todo processo era assistido pelo Mentor Espiritual dela, que também orava. Dulce também foi envolvida por uma sensação de paz e esperança; tudo seria e aconteceria por vontade de Deus, e ela precisava ter fé e esperar, concluiu.

A jovem saiu do quarto. Sentia-se mais tranquila e lembrou-se de Anderson. Ele nada sabia do estado de mãe Ita. Como iria à casa dele? Era longe e não poderia ausentar-se do orfanato. Pensou em Luciano, procurou sua agenda telefônica e imediatamente foi a um orelhão mais próximo. Relatou todo o ocorrido e pediu que avisasse Anderson. O amigo tranquilizou-a dizendo que iria avisá-lo. Dulce agradeceu e retornou para o orfanato, foi para os jardins cuidar das crianças.

No hospital, o doutor Honório examinou a enferma que ainda permanecia adormecida, percebeu alguma melhora pequena, mas significativa. Porém, ela ainda respirava com dificuldades, sua saúde estava debilitada e inspirava cuidados. A idade avançada dela era um dos fatores preocupantes e a cura era um processo lento e gradual. Não sabia se dona Ita era suficientemente forte para resistir e lutar pela sobrevivência. Ele conhecia-a bem, era uma mulher batalhadora e decidida, mas até que ponto?, indagava, olhando para a paciente. Chamou a enfermeira, que prontamente o atendeu, fez as recomendações necessárias e saiu.

Luciano, logo que recebeu a ligação de Dulce, arrumou-se rapidamente, sem antes descuidar de seu cabelo. Pegou as chaves do carro e saiu rumo à casa de Anderson. Tinha planos de visitá-lo mais tarde juntamente com Waldemar, mas graças à urgência do fato, era preciso vê-lo imediatamente e contar-lhe o que sabia.

Anderson, depois de muito procurar, deduziu que tinha sido assaltado na noite anterior, já que não encontrava sua carteira. Seus planos de procurar emprego e visitar o amigo tinham ido por água abaixo. Tirar as segundas vias dos documentos certamente levaria o dia todo. Mesmo assim, se houvesse ainda tempo, iria aos lugares que circulou no jornal à procura de emprego. Com isso em mente, saiu de casa.

Luciano, depois de percorrer alguns quilômetros de carro, finalmente chegou ao seu destino. Em frente ao portão chamou por Anderson, sem obter resposta. O barulho aguçou a curiosidade da vizinha, proprietária da casa dele, que vendo o jovem foi logo se explicando:

– Anderson saiu faz algumas horas, eu mesma o vi sair. É melhor que venha mais tarde. Quer deixar algum recado? Vou falar com ele mais tarde.

– Obrigado, senhora! Por favor, diga a Anderson que o seu amigo Luciano esteve aqui, e que dona Ita está muito doente; foi internada logo cedo.

A mulher arregalou os olhos e imediatamente indagou com ar de espanto:

— Dona Ita está doente? Meu Deus! Ela está muito velha, poderá até morrer. Mas como deixaram isso acontecer? Pobre mulher! Trabalhava muito e com a idade que tem sobre os ombros. Anderson vai ficar muito chateado quando souber. Em que hospital ela está?

— Senhora, desculpe-me, mas não sei! Dulce quer vê-lo e ela mesma o levará ao hospital — respondeu já saindo da frente do portão para não dar mais atenção à mulher que falava demais. Mesmo assim, ela comentou:

— Mas que absurdo! Não disseram ao senhor o hospital em que ela está? Como vou visitá-la? E o que direi aos vizinhos, se não sei onde ela está internada? Mas o senhor sabe o que ele tem, não sabe?

— Dulce não me disse os detalhes. Desculpe-me, mas preciso ir. Até logo!

Antes que a mulher esboçasse qualquer reação, Luciano rapidamente entrou no carro, deu a partida e saiu logo em seguida, deixando-a sozinha no portão. Com o carro em movimento, pensava: "Nossa! Que mulher mais fofoqueira! Pensei que não iria mais parar de falar. Bem, é melhor eu ir ao orfanato e falar com Dulce; assim, se ela quiser, eu a levo ao hospital". Luciano foi em direção ao casarão e lá saberia também mais detalhes de todo o ocorrido com dona Ita.

Renata pouco conversou com a amiga; logo que terminaram as aulas, despediu-se dela secamente. Em virtude da conversa que teve com Christine, concluiu que ela ainda gostava de Anderson, e isso a aborrecia. Desanimada e cansada, finamente chegou ao seu lar. No sofá, como sempre, estava sua mãe lendo revistas de fofocas e fotonovelas. Cumprimentou-a respeitosamente, dizendo que não almoçaria, pois não sentia fome. Instalada em sua confortável cama, pôde refletir melhor sobre os acontecimentos da manhã. "Christine ainda amava Anderson, mesmo não admitindo. Mas o que ela queria? Estava noiva de Fábio e prestes a se casar, e mesmo assim pensava no ex-namorado. Por que não o deixava em paz? Ele já tinha problemas demais para alimentar-lhe a esperança de uma reaproximação." Meditando sobre isso, não pôde evitar em pensar sobre o problema com o seu pai. Ele estava determinado a colocar Anderson na cadeia. "Mas ele seria realmente um ladrão? Estaria enganando todo mundo? Não, Anderson não faria isso, concluiu para si. Não poderia acreditar nessa hipótese. Cansada, acabou cochilando.

Christine naquele momento chegara à casa, sua mãe a esperava já com a mesa posta; dessa vez a jovem não quis almoçar, alegando cansaço. Dona Carolina estranhou, acompanhou-a até o quarto e lhe ofereceu um chá, que ela prontamente aceitou. Para tranquilizar a genitora, explicou que precisava ficar só e descansar para depois fazer alguns trabalhos escolares. Sozinha, pôde refletir sobre Anderson; sentia saudades e remorso por tê-lo abandonado. Queria voltar aos braços dele e sentir-se feliz novamente, mas ele estava desempregado, e que futuro daria a ela? No entanto, Fábio era diferente; teria um bom futuro casando-se com ele, e gostava dele também. O que sentia por Anderson naquele momento era apenas uma "boba saudade", concluiu. Permaneceu deitada, sem adormecer. Mesmo não querendo, pensava em sua vida e em Anderson.

Dona Carolina ficou preocupada com a atitude da filha; sentada em seu sofá, indagava para si: "Será que ela brigou com o noivo? Será que romperam o compromisso e não quer me dizer? Não deve ser isso. Ela me diria", concluiu. Mas não deixava de pensar no que perturbou a filha. Tentando ocupar o tempo e dissipar suas preocupações, pegou o seu tricô e começou a fazê-lo.

Luciano, apesar do trânsito que enfrentou, finalmente chegou ao casarão. Logo que entrou encontrou com Dulce, que estava sentada no banco, cabisbaixa e aparentando grande sofrimento. Aproximando-se dela, cumprimentaram-se. Ele foi logo falando:

— Eu não consegui encontrar o Anderson. Achei melhor vir e saber por mais notícias de dona Ita.

— Não sei o que fazer. Tudo aqui está tão triste, se mãe Ita morrer...

Dulce começou a chorar. Luciano, tentando consolá-la, encostou a cabeça dela em seu peito. Por alguns minutos ficaram os dois assim e aos poucos a jovem foi se acalmando. E, saindo de perto dele, explicou:

— Desculpe-me, Luciano! Não sei o que deu em mim. A tristeza e o desespero estão me consumindo; quando você chegou, não consegui suportar mais nada.

— Ora! Para que servem os amigos? Se precisar do meu ombro para chorar, é só pedir.

Dulce sorriu e aos poucos foi se distraindo com a conversa amiga dele; e, por instantes, esqueceu os problemas que lhe afligiam. Luciano permaneceu por mais alguns minutos; depois, despediu-se da jovem prometendo que retornaria logo mais.

Capítulo 13

Fragmentos do Passado

Dona Ita lutava bravamente com a doença que lhe afligia. Seu amigo de anos, o doutor Honório, abismava-se com a vontade de viver da velha senhora. No entanto, ela ainda corria risco de morte e isso muito o atormentava; usava todos os recursos e conhecimentos que disponha da medicina. Resolveu chamar alguns amigos seus para que a examinassem. O quadro era desanimador; apesar disso, o dia transcorreu tranquilo no hospital, sem novidades. Dulce foi visitá-la à tarde como prometeu e soube que o seu quadro clínico não era dos melhores. Aborrecida, retornou para o casarão na esperança de receber a visita de Anderson.

Anderson perdeu o dia todo arrumando as segundas vias dos documentos que lhe foram furtados, pretendia visitar o amigo Jacinto, porém, devido à demora, não pôde fazê-lo. Já era o final do dia, sentia-se desolado. Seu dinheiro estava acabando e daria para apenas alguns dias, e o aluguel da casa estava atrasado. Para não gastar as suas economias, preferiu ir a pé até a casa. Abriu a porta do seu modesto lar e sentou-se no sofá. Não conseguia entender por que sua vida tinha dado essa reviravolta, e para pior. E por que ele? Conhecia pessoas que maltratavam e humilhavam os que lhe cercavam e mesmo assim se davam bem. Eles ganhavam muito dinheiro, alguns eram ilícitos, mas se divertiam e parecia que nada os abalava. Enquanto ele, que não fazia mal a ninguém, era honesto e trabalhador, estava desempregado, sem dinheiro, foi assaltado e ficou sem os seus documentos, pois demoraria a receber os novos. Por que estaria passando por tudo isso? Será que Deus o teria abandonado? Não seria ele também um filho de Deus? O jovem sentia-se arrasado e não quis alimentar-se; depois de tomar um demorado banho, resolveu deitar-se. Cansado, dormiu instantaneamente.

Perispiritualmente permaneceu na casa; em seu desespero d'alma, não conseguia sair do lugar. Olhava o seu corpo adormecido e não se lembrava de nada, sentia-se confuso. Subitamente, ouviu uma voz chamando-o. Surpreso, viu uma entidade espiritual, irradiando luz, aproximando-se dele. Pensando estar na presença de um anjo, devido à sua condição religiosa, ajoelhou-se diante dela. O Mentor, comovido, disse-lhe:

— Não temas, meu filho! Levanta-te! Vim a pedido de tua mãe do coração, dona Ita. Ela te espera.

Confuso, Anderson levantou-se e reconheceu que ao lado da Entidade Espiritual estava dona Benedita, que lhe parecia debilitada, entretanto feliz. Ela pousou os olhos meigos sobre ele e, abrindo os braços, o chamou para si, dizendo:

— Ah! Meu filho! Deus ouviu as minhas preces. Meu amor me fez vir até aqui. Venha em meus braços.

Como uma criança necessitando de carinho e amparo, ele aproximou-se dela e, encostando a cabeça em seu peito, chorava. Ela carinhosamente afagou-lhe os cabelos e disse-lhe:

— Meu filho querido! Deus não nos abandona. Trouxe até Jesus, como exemplo maior de dedicação, paciência e amor. Para que nos espelhemos e, assim, enfrentemos as vicissitudes da vida com dignidade e sabedoria. És o meu filho amado, oro por ti todos os momentos. Acreditas que Deus deixaria de ouvir as preces de um coração de mãe que chora? Fortaleça-te na fé em Deus, meu filho! Sei das dificuldades que enfrentas, porém, necessitas delas para o teu burilamento. Muitas vezes somos responsáveis pelo nosso próprio sofrimento. Tenha coragem de enfrentá-lo. Tudo será para o seu bem.

Anderson, ouvindo-a, sentindo as vibrações benéficas do ser que lhe amparava desde pequeno, perguntou:

— Mas o que eu fiz para merecer tão cruel castigo dos céus? Não foi o suficiente eu nascer sem a companhia dos meus pais e sem lar, abandonado à porta de um orfanato? Estou sendo acusado injustamente, não tenho a companhia da mulher amada, estou à beira da miséria. Tudo isso não basta?

— Acalentai vosso coração, meu filho! Tua mãe que te ama está aqui. É certo que não fui a escolhida para dar-lhe a vida, mas todo o meu amor eu lhe dei e por ti estou aqui. Nas tuas noites, quando eras recém-nascido, eu te embalava em meus braços, te cantava músicas de ninar, te segui em teus primeiros passos. Ensinei-te as primeiras palavras, e a maior bênção dos céus foi quando me chamaste de mãe pela primeira vez. Nunca poderei esquecer esse dia.

— Não quero ser ingrato. Perdoe-me! Na adolescência sempre tive vontade de conhecer os meus pais e saber como eles eram. Sou um ingrato falando assim.

Mãe Ita sorriu e, abraçando-o junto ao peito, esclareceu:

— Não és! Conhecia tuas aflições e lamentava não poder ajudar. Deus é todo Saber, meu filho! Conhece as nossas necessidades; era importante para ti nascer em um orfanato, conhecer a dura realidade daqueles que nascem sem lar e são abandonados pelos pais.

— Não me lembro do meu passado, sei que vivi em outra época, mas nada me recordo. Sei que não mereço o que estou passando. Sou inocente.

Dona Ita continuou lhe afagando os cabelos, sorriu e pediu-lhe que fechasse os olhos. Prontamente Anderson obedeceu. Ao abrir os olhos, ele percebeu que não estava mais em seu quarto, e sim em uma grande sala. Junto à dona Ita estavam entidades que ele não conhecia, porém sentia-se bem diante deles. Um deles prontamente se apresentou:

— Anderson, meu filho! Tenho orado por ti, suas aflições acompanho-as de perto. Mas estás tão aturdido por causa delas que não ouve os meus conselhos. Sou teu amigo Espiritual que lhe acompanha há tempos. Pode me chamar de Miguel.

Anderson olhou para ele e o reconheceu:

— Achei que tinha me abandonado. Sinto-me só e sem amigos — comentou.

— Estive sempre ao teu lado, não estamos só. Deus nos protege e ampara. Somos apenas vítima da nossa própria invigilância e colocamos tudo a perder. As dificuldades existem para ser ultrapassadas.

Anderson calou-se; envolvido pela paz que reinava no ambiente, sentiu sono, muito sono. Segurou a mão de dona Ita, que estava ao seu lado, amparando-o. Ela explicou:

— Meu filho, nós te trouxemos até aqui para ajudá-lo. Tenho orado muito a teu favor e Deus nos ouviu. Hoje lembrarás parte de tua existência passada, para que suportes as adversidades da jornada evolutiva com esperança e fé. Quando acordar, tudo será como um sonho. É importante que recordes. Vamos, lembre-se.

O jovem envolvido pela voz doce e suave dela caiu em sono profundo. Viu-se em um passado distante, como se estivesse vivendo tudo novamente nitidamente. Suas roupas demonstravam que se tratava de um fazendeiro, com botas de puro couro e brilhantes. Nas mãos um pequeno chicote, feito também de couro, denunciava sua posição. Nervosamente andava de um lado a outro do grande salão; de vez em quando, batia o chicote nas botas. O dia estava quente, mesmo assim vestia camisa de manga longa de puro algodão, de tecido inglês. De repente, um homem alto, magro, forte e negro pôs-se à sua frente dizendo-lhe:

– Senhor! Fizemos a contagem dos escravos na senzala. Vinte e um deles fugiram.

– Eu sabia que estava faltando. Seu negro inútil! Como deixou isso acontecer? Quero toda a fazenda vasculhada e esses negros fugitivos no tronco, ou então será você no lugar deles – gritou.

O capataz imediatamente saiu apressado. Chamou os seus homens, que rapidamente saíram a galope. Sabia que o seu senhor faria o que disse se não encontrasse os escravos fugitivos. Precisava encontrá-los a qualquer custo. Enquanto Anderson estava no salão esperando notícias, uma mulher apareceu na porta e indagou, muito furiosa:

– Por que há tanto barulho lá fora? Por que não manda os escravos ficarem quietos? Quero dormir.

Anderson, sem olhar para a mulher, respondeu dando-lhe as costas:

– Alguns escravos fugiram. Mas não se preocupe. Logo eles se calarão.

A mulher nada comentou e continuou na sala. Anderson, percebendo que ela ainda permanecia lá, indagou:

– O que faz ainda aqui, Cíntia? Por que não vai para o seu quarto?

– Mas eu quero ficar aqui e esperar que os escravos sejam capturados.

– Não seja tola! Isso pode demorar. É melhor que vá para o seu quarto. Logo eu estarei lá – respondeu, continuando na mesma posição, sem se importar com a mulher.

– Assim espero! – respondeu.

Logo que Anderson se viu sozinho, pensava: "Eu a odeio, não suporto sua presença. Maldita hora que me casei com essa mulher".

Nesse instante, rompendo-lhe o fio do pensamento, um homem entrou no salão. Era o seu braço direito – que ele reconheceu imediatamente, como sendo o seu amigo de agora, Waldemar. Era alto e carrancudo, e lhe disse:

– Senhor! Seu cavalo está pronto. Podemos ir se quiser.

– Já era tempo. Estava esperando há horas. Vamos!

– Senhor! Respeitosamente eu lhe digo – o homem fez uma pequena pausa que foi interrompida por seu patrão, que lhe disse nervosamente:

– Diga logo, homem! Tenho pressa!

— Não deveríamos fazer isso, senhor! Seremos castigados pelos céus.
— Não seja tolo, homem! Será a fazenda ou você. Escolha! — argumentou o fazendeiro em um tom ameaçador.

O homem compreendeu as palavras de seu patrão e apressadamente os dois saíram, cavalgaram por algum tempo e, em uma fazenda próxima a dele, pararam. Calmamente usaram uma trilha sem serem vistos. O amigo pegou uma tocha e ateou fogo na mata seca a sua volta. Rapidamente saíram, pegaram os cavalos e fugiram a galope, tendo o extremado cuidado de não serem vistos. Já na casa grande, Anderson perguntou:

— Olhou bem se não fomos vistos na fazenda?
— Sim, meu senhor! O plano é perfeito. Usamos uma trilha que não é usada por ninguém. A essa hora a fazenda dele deve estar completamente em chamas. A mata estava bem seca.

Delirando com o que ouviu, Anderson começou a rir sarcasticamente. Logo depois ele soube por empregados que a fazenda vizinha queimava, e fogo se alastrou até o casarão. Tentando dissipar qualquer suspeitas contra a sua pessoa, mandou seus homens para ajudar a apagar o fogo. A plantação de café e o casarão da fazenda estavam arruinados. Muitos escravos que estavam na senzala morreram em virtude das queimaduras que sofreram.

Anderson permaneceu a noite toda no salão, atento a qualquer notícia que vinham lhe trazer a respeito da fazenda que havia destruído. Outro capataz seu entrou no salão dizendo:

— Senhor! Faz dois dias que a velha sinhá está amarrada no tronco. Ela não vai resistir por muito tempo.
— Assim ela aprende a não me desobedecer, ajudando os escravos presos dando comida e água a eles. Agora esta velha aprenderá. Vou vê-la!

Decidido e com o chicote na mão, foi até o tronco. Amarrada nele estava uma velha mulher negra, aparentando ser sexagenária. Anderson aproximou-se dela e nesse instante ele a reconheceu. Era mãe Ita. Assustado com o que viu, acordou. Olhou ao redor do quarto e lembrou-se de fragmentos do que parecia ser um sonho, um sonho terrível. Pesadelo. Por isso não gostava de cochilar à tarde, concluiu.

Capítulo 14

Encontrando o Amigo

Júlio arrumou-se com destreza e saiu; era necessário ser pontual e chegar no horário marcado para a entrevista. Pegou um táxi para chegar mais rápido. Logo parou diante do prédio da fábrica, olhou ao redor e entrou. Identificando-se na portaria, subiu as escadas. Waldemar o levou até o patrão, que já o aguardava. O senhor Fausto mandou que Júlio se sentasse e, por alguns segundos, o observou. Quebrando o misterioso silêncio do momento, comentou:

– O senhor me foi bem recomendado. Gostaria que deixasse em minha mesa a sua proposta de trabalho.

– Sim, senhor! – respondeu respeitosamente.

– Você está cursando a universidade?

– Não, senhor! Quer dizer, eu cursava. Tive alguns problemas. Meus pais faleceram e acabei largando os estudos e também estou há algum tempo desempregado, como o senhor sabe.

– É muito triste perder os pais. Eu li a sua ficha. Pareceu-me muito boa.

O senhor Fausto ficou com Júlio durante 30 minutos, fazendo-lhe várias perguntas. No final da entrevista, concluiu:

– Pode começar amanhã. Você ficará na portaria, por enquanto. Depois o trarei para cá. Temos um cargo vago que ainda não foi preenchido. Será seu, se se sair bem.

– Obrigado, senhor Fausto! Farei tudo pelo bem-estar da empresa.

– Assim espero, meu jovem!

Júlio despediu-se cordialmente do senhor Fausto e saiu sorridente do escritório. Waldemar, percebendo-lhe a expressão, concluiu que ele tinha sido contratado pelo patrão. Refletia: "Não estou bem certo, mas esse rapaz deve ser o sobrinho de dona Carolina. Quem será que o indicou para o emprego? Pelo que sei é beberrão e brigão, mas pode ter mudado. É melhor ficar de olho nele, não me inspira confiança. Pode enganar o senhor Fausto, mas não a mim". Nesse instante, seu chefe o chamou no escritório. Sem perda de tempo, foi atendê-lo.

Waldemar estava de posse dos documentos de Júlio, os quais levou para o departamento de pessoal. Agora ele tinha confirmação das suas suspeitas. Faltavam algumas horas para o fim do expediente e estava curioso para contar o que sabia para o seu amigo Anderson e saber como ele tinha passado o dia, depois da bebedeira.

Júlio caminhou até o ponto de ônibus. No trajeto, pôde refletir melhor sobre o que lhe aconteceu. "Agora estou dentro da fábrica como me prometeram. Logo estarei ganhando muito dinheiro." Seguro de si, começou a rir sozinho e maquinava consigo planos ardilosos com relação ao que faria na fábrica. Com esses maus pensamentos atraiu novamente suas companhias do além-túmulo, que vibravam com ele; alguns eram amigos seus de outrora.

Anderson permaneceu preocupado e muito inquieto devido ao sonho que acreditara ter tido. Não se lembrava de todo o ocorrido, porém a imagem de dona Ita presa em um velho tronco era forte em sua mente e isso muito o aborrecia. Seus pensamentos foram desfeitos quando ouviu um chamado no portão. Foi atender, era o seu amigo Luciano que aparentava nervosismo. Ele o convidou para entrar e, dentro da casa, Luciano foi logo perguntando:

– Anderson! Fiquei o dia todo à sua procura, onde esteve?

– Fui providenciar as segundas vias dos meus documentos e perdi o dia todo nisso. Por que pergunta?

– Dona Ita está internada. Dulce me procurou hoje pela manhã para que eu o avisasse. Ela está muito preocupada, pois dona Ita não está nada bem.

Anderson empalideceu; o medo e o remorso se misturavam. Aflito, disse:

– Cheguei ao entardecer. Preciso vê-la. Como ela está?

– Acalme-se, Anderson. Não poderá entrar agora à noite no hospital. Não deixarão, e isto só vai piorar as coisas.

– Desculpe-me! Andei o dia inteiro e, cansado, acabei cochilando e tendo pesadelos. Minha vida não está nada bem, e agora mãe Ita doente.

– Sei que não está nada fácil para você. Precisamos conversar sobre o que houve com você ontem à noite. Mas isso fica para depois. Vou levá-lo para o casarão. Dulce está arrasada, chorou o dia todo. Teme pelo pior.

– O que quer dizer com o que aconteceu comigo ontem? Sei que errei. Tive meu momento de fraqueza, acabei bebendo demais; como pode ver levei uma surra, estou sem documentos. Acho que fui assaltado. Não entendi, onde você quer chegar?

– É melhor que se arrume. No caminho lhe contarei tudo. Por ora, vamos ver Dulce. Ela está precisando de nós.

Anderson concordou. Ficou muito curioso com o que o amigo lhe dissera. Na verdade sua mente tinha pontos obscuros, porque não sabia como chegou até a casa e quem o tinha colocado na cama. Certamente o amigo esclareceria todas as suas dúvidas. Rapidamente se arrumou e juntos foram para o casarão. No trajeto, Luciano contou o que sabia sobre a noite anterior. Anderson, ouvindo-o, sentiu-se envergonhado em saber que o seu rival e sua ex-namorada tinham lhe visto em uma situação deplorável. Passou o tempo todo calado, apenas ouvindo as explicações do amigo.

Dulce esperava ansiosa a chegada de Luciano; apesar da doença de dona Ita e das indagações das crianças, no orfanato transcorria tudo tranquilo. Ela ouviu o barulho do carro em frente ao portão. Eram os dois rapazes que chegavam. Após os cumprimentos, Dulce colocou Anderson a par dos acontecimentos, da sua visita à tarde no hospital e da conversa que teve com o médico logo depois.

Ficaram mais algumas horas no casarão, porém o ambiente entre eles era de tristeza e apreensão. Combinaram de ir logo cedo ao hospital. Despediram-se. Logo depois, em casa, Anderson sentia-se arrasado por tudo o que soube. Horas se passaram e não conseguia dormir.

Christine encontrou com o noivo. Ele de imediato percebeu a tristeza em seu olhar, questionou-a diversas vezes, mas ela alegava cansaço por causa dos estudos; graças a isso, pediu que ele fosse embora, pois, indisposta, seria uma péssima companhia. Fábio, compreensivo, concordou e despediu-se, prometendo que telefonaria mais tarde.

Dona Carolina, atenta ao diálogo dos noivos, logo que Fábio saiu, repreendeu a filha. Mais uma vez Christine deixava-a preocupada em virtude das atitudes estranhas daquele dia, pois ficou o dia inteiro trancada no quarto, alegando indisposição. A jovem, despedindo-se da mãe, retornou ao seu quarto. Queria mais uma vez ficar sozinha; abriu a última gaveta de sua cômoda, pegou uma pequena caixa de madeira e abriu. Nela continha cartas já um pouco desgastadas pelo tempo. Eram mensagens de amor que recebia de Anderson, as quais ela mantinha guardadas a sete chaves. Saudosa, leu-as uma a uma, recordando dos momentos que esteve ao lado dele. Depois as guardou cuidadosamente no mesmo lugar.

Deitada em sua cama refletia sobre a sua vida, queria desmanchar o compromisso com o noivo e voltar para os braços de Anderson, onde realmente fora feliz. No entanto, o medo e a insegurança a rodeavam. E, se estivesse errada quanto aos sentimentos com relação a ele? Não seria apenas saudade e compaixão pelo que ele estava passando? Fábio era um bom rapaz, muitas garotas gostariam de estar em seu lugar; ele era um jovem cobiçado pelas mulheres por ser muito bonito e charmoso, e fazia todas as suas vontades. Gostava de estar ao lado dele, isso não seria amor? Indagações vinham à sua mente, perturbando-lhe. Resolveu levantar-se e ir para a cozinha tomar leite morno.

Logo pela manhã, dona Carolina estranhou ao deparar-se com o sobrinho tão cedo na cozinha. Ela, olhando para ele, comentou abismada:

– Acordou cedo, Júlio! Vai para algum lugar? Não me disse nada ontem à noite.

– Tia! Suas preocupações comigo acabaram. Arrumei um emprego. Começo hoje.

– Como? Emprego? Onde?

– Por que o susto? Eu disse à senhora que iria fazer uma entrevista com o dono da fábrica, o senhor Fausto. Ele me contratou.

– Que bom, Júlio! Graças a Deus! Você tomou juízo. Já não era sem tempo. Agora você precisa dormir cedo e deixar de lado as noitadas, se não acabará perdendo o emprego.

– Calma, tia! Nem comecei ainda e a senhora já está pensando em demissão. Não se preocupe com as minhas noitadas, não perderei o emprego por causa disso.

– Não entendi o que quis dizer, Júlio! Mas não quero vê-lo bêbado e chegando ao amanhecer.

– A senhora está vendo um novo homem à sua frente.

Dona Carolina nada argumentou, apenas silenciou. Sabia que o sobrinho não mudaria assim tão rápido, pois o conhecia bem; tinha certeza de que era uma farsa. Gostaria de estar errada, mas não confiava nele. Júlio aproveitou a quietude da tia, despediu-se dela e saiu deixando-a para trás, surpresa e desconfiada. Logo, Christine sentava-se à mesa com a mãe. Ela rapidamente comentou sobre as atitudes do sobrinho.

– Mãe, a senhora tem razão. Júlio não mudaria assim tão rápido. Ele deve estar aprontando alguma. Conheço bem ele.

– É isso o que mais me assusta. Ele está muito estranho esses dias, e agora arrumou esse emprego tão rápido.

– Ele sempre foi estranho, mãe! Até aí nenhuma novidade. Mas quem será que o indicou para o emprego?

– Isso não sei! Ele não me disse nada.
– Deve ser alguém influente. O pai da Renata é muito exigente quanto ao seu pessoal.
– Deve ser, mas o que mais me intriga são esses telefonemas estranhos que ele anda recebendo.
– É voz de mulher ou homem? Conseguiu identificar?
– Não, minha filha! Mas gostaria de saber quem é, e por que liga tanto para ele.
– Com o tempo saberemos, mãe! Júlio não conseguirá esconder por muito tempo suas atrapalhadas – concluiu.
– Espero que todo esse mistério não seja algum negócio sujo. Não quero ver o meu sobrinho na cadeia.

Dona Carolina ao pensar sobre isso se calou, entristecendo. Christine, percebendo a atitude da mãe, mudou de assunto para alegrá-la e comentou sobre a vontade de se casar com Fábio.

Pela manhã, como prometeu, Luciano foi buscar o amigo e rapidamente dirigiram-se ao casarão buscar Dulce. Juntos foram para o hospital. Esperaram impacientes pela ordem do médico para visitá-la. Os três conseguiram entrar no quarto onde a enferma ainda dormia. Dulce aproximou-se dela e passou a mão sobre a sua fronte, acariciando-a. Dona Ita abriu os olhos e disse:

– Meus filhos! Sinto tanta falta de vocês.

Anderson aproximou-se dela e respondeu:

– É melhor que a senhora não fale muito, mãe Ita! Nós estamos aqui, não vamos abandoná-la.

Luciano também se juntou aos dois e eles ficaram ao lado dela. Anderson segurou-lhe a mão e a beijou carinhosamente. Vendo-a, lembrou-se do seu sonho; novamente o remorso e o arrependimento se misturavam. Pensou intimamente: "Não era real o que vi, era apenas um sonho, um pesadelo terrível".

Dona Ita ficou muito emocionada ao revê-los e isso lhe trouxe alguns problemas. Sua pressão arterial se elevou e os jovens, vendo que ela passava mal, chamaram imediatamente a enfermeira, que veio em socorro. Juntamente com ela, o doutor Honório, que mandou que eles se retirassem do recinto e ficassem aguardando ser chamados.

No saguão, os jovens sentiam-se apreensivos, tristes e calados; não esperavam que ela ficasse tão emocionada ao vê-los e, consequentemente, passasse tão mal. Juntou-se a eles Waldemar, que veio logo que soube da internação de dona Ita. Cumprimentaram-se amavelmente. Ele perguntou:

— O que houve com dona Ita, por que estão esperando aqui?
— Ela começou a passar muito mal. Acho que não fizemos bem a ela vindo aqui — respondeu Dulce, já com os olhos edemaciados de tanto chorar.
— Não diga isso, Dulce! — redarguiu Anderson. — Não sabíamos que ela reagiria assim ao nos ver.
— Vamos ficar calmos. Dona Ita é uma mulher forte. Resistirá a tudo isso — retrucou Luciano.

Waldemar permaneceu por mais alguns minutos na companhia dos amigos, mas como tinha de retornar ao trabalho, pediu a Luciano que o deixasse a par de tudo depois que saíssem do hospital. Os minutos em que aguardavam no saguão foram angustiantes para os jovens, mas finalmente o médico foi vê-los. Chamou-os no consultório e foi taxativo:
— Dona Ita está fora de perigo agora. Sua pressão arterial elevou-se muito devido à emoção. Para o bem dela, é importante que não receba visitas.
— Mas, doutor! Preciso vê-la — argumentou Dulce.
— É importante que compreendam que ela necessita de repouso e tranquilidade. São coisas importantes para o seu restabelecimento. O quadro dela é grave. Se continuar da forma que está, não tenho muitas esperanças.
— Como assim, doutor? — perguntou Anderson. — Não posso acreditar no que o senhor está me dizendo.
— Ela é uma mulher idosa, a pneumonia é grave, muito grave. Estamos fazendo o possível por ela. Só nos resta esperar que ela reaja aos medicamentos.
— Mas só dessa vez podemos vê-la, doutor? — perguntou Dulce.
— Um de cada vez. E sejam breve. Vou restringir as visitas. Por favor, compreendam.

Os jovens silenciaram. E um a um foi ao leito de dona Ita. Dulce foi a primeira. Olhando-a, mal conseguia conter a emoção; lágrimas silenciosas escorriam-lhe pela face. Vendo-a naquele estado, silenciosamente orou por ela, pedindo aos céus o restabelecimento de sua saúde. Depois foi a vez de Luciano e por último Anderson, que lhe segurou as mãos frágeis; lágrimas teimosas escorriam-lhe a face. Beijou-a carinhosamente e disse quase sussurrando:
— Perdoe-me, mãe Ita! Perdoe-me! Sinceramente, arrependo-me do que fiz.

Apesar de estar sedada e inconsciente, ela pôde ouvi-lo e respondeu perispiritualmente:
— Filho! Eu te amo! Não se preocupe, estarei ao seu lado. Estarei orando por todos vocês.

Capítulo 15

A Família de Jacinto

Luciano teve o cuidado de avisar o amigo Waldemar sobre o estado de saúde de dona Ita logo que saiu do hospital e deixou Anderson e Dulce no casarão. Precisava também ir à oficina, seu pai o esperava impaciente. Waldemar lamentou não poder visitá-la em consequência das restrições médicas.

Júlio chegou pontualmente ao emprego e apresentou-se ao encarregado do setor. Ele prestava atenção em tudo e em todos, queria estar ciente de todos os detalhes do lugar.

Waldemar, na primeira oportunidade, vendo-se sozinho com o patrão, comentou a doença de dona Ita. O senhor Fausto redarguiu:

– Dona Ita é uma senhora muito bondosa e digna. Seu estado de saúde vem do seu sofrimento, de carregar nas costas o orfanato.

– O senhor tem razão – concordou o jovem. Ele ia sair quando o patrão perguntou:

– O seu amigo Anderson arrumou emprego?

– Pelo que sei ainda não – respondeu estranhando um pouco a indagação.

O senhor Fausto apenas balançou negativamente a cabeça e o jovem saiu da sala indo para a sua mesa; não entendeu o porquê da pergunta dele, mas não quis pensar no assunto; tinha a sua frente muito trabalho. Formulários para preencher e entregar até o fim do expediente. Queria encontrar com o amigo Anderson no fim da tarde para saber mais sobre dona Ita e sobre ele também.

No escritório, o senhor Fausto refletia: "Já dei prazo demais para o Anderson. Ele não vai pagar o meu dinheiro. Já se passaram semanas e ainda nada. Vou fazer a denúncia tão logo fique livre do trabalho aqui na empresa. Vou à delegacia à tarde, assim terei tempo de sobra para fazer isso". Decidido, voltou ao trabalho; pegou alguns papéis para ler e assinar, gostava de ler tudo minuciosamente.

Na universidade, as duas jovens se encontraram na sala de aula. Renata foi logo dizendo:

– Desculpe-me, Christine! Não deveria ficar nervosa com você.

– Eu também peço desculpas. Não devia ser "grossa" com você. Somos amigas desde a infância. Por que discutir por bobagens?

Ambas sorriam e, esquecendo as diferenças, confabularam entre cochichos na sala de aula.

Anderson saiu do orfanato logo depois. O estado de saúde de dona Ita ainda era preocupante, as visitas tinham sido proibidas até segunda ordem. O doutor Honório se prontificou a dar notícias dela todos os dias. Anderson preferiu ir para casa a pé, pois precisava economizar e caminhar o ajudaria a acalmar-se. Pensou em seu amigo Jacinto, o vigia; fazia dias que não o via. Resolveu mudar de percurso e ir à casa dele. Decidiu ir de ônibus, pois era demasiadamente longe para ir caminhando. Esperou pacientemente pela condução.

Alguns quilômetros percorridos mais tarde, o ônibus parou no ponto desejado. Ele caminhou tranquilamente quando avistou o amigo Jacinto conversando descontraidamente com amigos do trabalho; logo que ele o avistou, foi ao seu encontro. Cumprimentaram-se cordialmente. Jacinto o apresentou aos seus amigos e continuaram conversando por mais alguns minutos até que o grupo se dispersou, saindo um a um. Já na casa do vigia, Anderson desabafou:

– Jacinto, minha vida está muito difícil, não consigo emprego, perdi os meus documentos e logo serei despejado e, para piorar, o senhor Fausto ainda acredita que eu roubei o seu dinheiro. Ele irá me denunciar à polícia, cedo ou tarde. Irei para a cadeia, e a minha mãe Ita está doente, muito doente.

– Sei que está passando por sérias dificuldades, porém, é necessário que tenha coragem para enfrentá-las e sair vitorioso.

– Como sairei vitorioso disso tudo, se não consigo encontrar uma saída? Saio cedo para procurar emprego e só recebo um não na cara. Não vejo uma luz no final do túnel para mim – lamentou.

– Todos nós temos uma saída, que é a fé em Deus e em si mesmo. Coragem e perseverança são os instrumentos dessa fé. Caminhar e aprender com os erros são os nossos objetivos para chegar até Deus.

– Ah, Jacinto! – exclamou Anderson elevando as mãos ao rosto, demonstrando seu desespero.

– Vou fazer um café para nós – disse Jacinto, já se levantando para prepará-lo.

Anderson silenciou enquanto observava o amigo. Ele era bem mais velho que ele, com mãos calejadas e cabelos grisalhos pelo tempo. Será que ele tinha família? Mulher, filhos? – meditou o jovem e, arriscando, perguntou:

– Jacinto! Desculpe-me perguntar, mas você tem filhos? Quero dizer, você é casado?

Jacinto sorriu e respondeu:

– Não sou casado e não tenho filhos. Não que eu saiba. Vim para cá tentar a vida quando era jovem e, como não tenho estudo, trabalhei em um serviço aqui outro lá, até conseguir esse trabalho de vigia. Acabei gostando e estou até hoje.

– Não teve vontade de se casar? – perguntou Anderson, curioso.

– Sim, é claro! Mas não consegui achar a mulher certa, eu acho. Apaixonei-me algumas vezes, mas não fui correspondido.

– Mas e a sua família, irmãos, pais?

– Meus pais já são falecidos. Tenho oito irmãos. Todos estão distantes, casaram e constituíram família. Sou o mais velho dos irmãos, às vezes recebo cartas deles e, como mal sei ler e escrever, tenho um amigo que lê a correspondência para mim e me ajuda a responder.

– Não sente saudade deles?

– Sim! Muita! Eu oro por todos eles, isso ajuda a aliviar as saudades. Sei que estão bem e isso me alegra.

– Toda a minha vida queria ter meus pais junto de mim – desabafou Anderson. – Fui criado por dona Ita. Sonhava que um dia uma família me adotasse, queria ter irmãos também.

– Mas essa senhora que você fala, não foi ela que lhe deu carinho e atenção em todos os momentos da sua vida?

– Sim, foi! Ela me chama de filho.

– Ela é a sua família, deve amá-la por isso – respondeu Jacinto. – O coração bondoso dessa senhora aliviou a falta dos seus pais.

Anderson apenas balançou a cabeça e nada comentou, enquanto Jacinto preparava o café. Sentados à mesa, continuaram conversando descontraídos por horas a fio. O jovem, dando-se conta da hora, comentou:

– Está muito tarde, preciso ir.

– É cedo, Anderson! Fique mais um pouco. Não é sempre que recebo visitas.

Anderson acabou concordando: não tinha realmente pressa em chegar em casa, e a companhia do amigo Jacinto era muito agradável e trazia-lhe alegria; preferiu ficar mais um pouco.

O senhor Fausto olhava para o relógio constantemente, como previa, iria à delegacia à tarde, mas houve imprevistos e precisou ficar no escritório. Seu nervosismo ao olhar constantemente as horas no relógio chamou a atenção de Waldemar, que ficou curioso com a atitude dele, mas não conseguia saber o porquê.

Júlio desempenhou suas funções competentemente e, no final do expediente, logo que bateu o cartão, saiu imediatamente da fábrica, indo ao orelhão mais próximo. Ele discou os números desejados nervosamente e, em um bairro nobre do outro lado da cidade, alguém atendeu ao telefone. O jovem rapidamente comentou o seu dia no emprego e marcaram um encontro para mais tarde. Satisfeito, ele desligou o telefone e caminhou mais tranquilo até o ponto de ônibus; iria para casa arrumar-se para o misterioso encontro.

Dulce recebeu a visita de Luciano. Feliz ao vê-lo, cumprimentou-o cordialmente. Ele foi logo perguntando sem rodeios:

– Dona Ita, como está? Soube notíciais dela?

– Liguei para o hospital e disseram-me que ela está estável. O doutor Honório prometeu que, caso ocorresse qualquer mudança, me avisaria. Estou tão preocupada, queria estar ao lado dela neste momento.

Dulce não conseguia mais pronunciar nenhuma palavra, sua voz embargada pela vontade de chorar demonstrava seu desespero. Luciano, comovido, abraçou-a na tentativa de consolá-la e comentou:

– Não chore! Dona Ita é uma senhora muito forte, conseguirá recuperar-se. Se quiser, eu a levo novamente ao hospital e poderá falar com o médico pessoalmente ou com alguém da enfermaria.

Dulce, meio tímida, enxugou as lágrimas e respondeu, comovida:

– Obrigada, Luciano! Vou buscar a minha bolsa.

Tempo depois estavam os dois jovens diante do grande prédio. Muito nervosa, Dulce esperava pelo médico na portaria do hospital. Em silêncio, Luciano observava a aflição da jovem. Infelizmente, naquele momento ele não tinha palavras para consolá-la e achou melhor esperar. Enquanto isso, Dulce andava de um lado a outro da sala. Passado algum tempo, finalmente o médico mandou chamá-los. Diante deles, no consultório, foi logo esclarecendo:

– Meus jovens! Tenho boas notícias. Dona Ita de ontem para hoje apresentou melhoras significativas. Está reagindo muito bem, melhor do que esperávamos, e sua pressão arterial está sob controle.

– Oh! Graças a Deus! – exclamou Dulce, aliviada. – Quando podemos vê-la, doutor?
– Vamos com calma! É melhor limitarmos as visitas. Não quero que ela sofra emoções fortes e coloque em risco todo o tratamento. Por enquanto ela não receberá visitas até que esteja fora de perigo.
– Eu entendo, doutor! Mas ela me faz muita falta.
– Não se preocupe! Do jeito que está reagindo, logo poderá vê-la sem problemas. No momento todo o cuidado é pouco. Uma recaída agora seria fatal para ela.
– Está bem, doutor! Sinto-me mais aliviada por saber que ela está se recuperando.
– Ela é uma guerreira, não nos deixará sem luta.
– Obrigada, doutor!
Os jovens despediram-se do médico e saíram satisfeitos do consultório. No trajeto de volta para o casarão, Luciano comentou:
– Sei que a saúde de dona Ita ainda é preocupante, mas está uma tarde tão agradável e poderíamos ir à sorveteria. O que acha?
– A uma sorveteria? – indagou, surpresa.
– Sim! Assim poderá acalmar-se. Tudo isso está lhe deixando muito nervosa.
– Está bem! Você tem razão. Hoje está muito quente – respondeu Dulce, sorridente.
De carro, percorreram mais alguns quilômetros até o centro da cidade. Logo o casal estava à mesa da sorveteira. Olharam cuidadosamente o cardápio e passaram o final da tarde conversando descontraidamente.
Anderson, percebendo que a noite aproximava-se e a volta para casa seria demorada, preferiu despedir-se do amigo, e sentia-se esperançoso. Jacinto tentaria arrumar-lhe algum serviço na obra onde trabalhava e, como o jovem precisava de dinheiro, o emprego seria bem-vindo. O vigia comoveu-se com a situação financeira dele e lhe ofereceu ajuda em dinheiro até que pudesse trabalhar e, assim, devolveria o dinheiro emprestado. O jovem no primeiro momento recusou a oferta, mas com a insistência de Jacinto e como estava precisando muito, resolveu aceitar. Agora tinha dinheiro suficiente para pagar o aluguel atrasado e sobraria para fazer compras no supermercado. Aliviado, retornou para casa.
Jacinto, em seu modesto lar, pensava na situação do seu jovem amigo. Fazia questão de emprestar-lhe o dinheiro, eram economias suas de algum tempo, mas mesmo assim tinha restado o suficiente; como era sozinho, não tinha muitos gastos. A ajuda ao amigo lhe fez bem. Sabia que Anderson estava passando por sérias dificuldades, e que era um

rapaz inteligente e trabalhador, porém as armadilhas da vida tinham lhe deixado na situação em que se encontrava.

Logo que chegou, Anderson foi falar com a proprietária da casa onde morava, pagou-lhe o aluguel atrasado e também mais um mês adiantado. A mulher sorriu ao ver o dinheiro e fez-lhe algumas perguntas quanto à saúde de dona Ita. Satisfeita com as respostas, despediu-se dele.

Luciano levou Dulce de volta ao orfanato logo que saíram da sorveteria. Eles continuaram conversando por alguns instantes no interior do carro. O belo rapaz prometeu que voltaria no dia seguinte tão logo terminasse o serviço junto ao seu pai, e despediram-se amigavelmente.

Dulce abriu o grande portão do casarão, sentia-se radiante. Todos aqueles dias de tormento e tristeza pareciam que estava no fim, e os momentos que passou junto a Luciano contribuíram para esse bem-estar. Ao entrar, um dos funcionários veio ao seu encontro, queria saber notíciais sobre a saúde de dona Ita. Sorridente, ela lhe contou as boas novas. Conversaram por mais alguns minutos. Logo que se viu sozinha, foi ver as crianças do orfanato.

O senhor Fausto passou o dia muito ocupado e percebeu que estava muito tarde para ir à delegacia. Todos os funcionários já tinham ido embora e só ele ainda continuava lá, juntamente com o faxineiro, que fazia o seu trabalho. Decidiu fazer a visita ao delegado pela manhã, faria isso antes de ir à empresa. Pegou o seu paletó e saiu rumo à casa.

Capítulo 16

A Paixão de Luciano

Luciano não foi para casa, preferiu fazer uma visita ao seu amigo Waldemar; queria lhe contar as novidades do dia. Acomodados no sofá da sala, o jovem comentou sobre a saúde de dona Ita e do passeio que fez com a jovem. Waldemar ouviu atento aos comentários do amigo e em certo momento comentou:

– Você está falando com tanto entusiasmo de Dulce, que dá até para desconfiar.

– Por que está me dizendo isso, Waldemar? Ela e eu somos apenas amigos. Nada mais.

– Isso está me cheirando à paixão, e das fortes – comentou.

Ouvindo os comentários de Waldemar, o jovem silenciou. Não tinha pensado nessa hipótese, mas a companhia dela lhe fez muito bem e não via a hora de estar junto a ela novamente. Será que estava apaixonado? Não era possível, pensou.

– Ficou quieto de repente. Será verdade o que eu disse? – observou.

– Não seja tolo, Waldemar. Não estou apaixonado. Apenas gosto da companhia de Dulce. Ela é uma mulher inteligente e muito divertida. Está passando por dificuldades e é justo ajudá-la nessa hora.

– Está certo. Ela está sofrendo muito com o estado de saúde de dona Ita. Eu estou vendo coisas que não existem – comentou, irônico.

– Exatamente! Está imaginado coisas. Você nunca se apaixonou. Não sabe de nada.

– Claro que sim! – respondeu sério. – Quando eu era jovem. Por uma menina da minha classe.

Luciano gargalhou e redarguiu:

– Isso é coisa de criança, Waldemar!

Ele sorriu e disse, descontraído:

– Tem razão! Eu estava brincando.

Fez-se um breve silêncio entre os amigos e da descontração surgiu a preocupação. Waldemar perguntou:

– Tem visto Anderson? Como ele está?

Toda a alegria e o sorriso de Luciano desapareceram do seu rosto, dando lugar à inquietação. Ele respondeu:

– Hoje cedo estive com ele. Estava muito mal, ficou pior quando lhe contei quem o trouxe para casa quando estava bêbado. Ficou arrasado e envergonhado. Foi uma situação muito chata.

– Concordo. Eu fui várias vezes na casa dele e não o encontrei. Ele deve estar passando por sérias dificuldades e acho que o senhor Fausto está aprontando alguma. Hoje não parava de olhar o relógio e estava muito nervoso, mal dava para conversar com ele.

– Vamos vê-lo! Assim saberemos como está passando – comentou Luciano.

Waldemar concordou plenamente e rapidamente se dirigiram à casa de Anderson.

O senhor Fausto, cansado e muito nervoso, chegou à sua casa; mal conversou com a esposa. Subiu as escadas a passos lentos, banhou-se e fechou-se no quarto. Renata, sentindo a ausência do pai na hora do jantar, questionou com a mãe:

– Por que o papai não quis jantar?

– Não sei! Chegou do trabalho e subiu para o quarto. Mandei chamá-lo várias vezes. Não quis descer.

– Vou falar com ele.

– É melhor não incomodá-lo. Sabe que ele fica mais nervoso quando fazem isso.

– Quero saber o que está acontecendo – respondeu, decidida.

Sem ouvir os argumentos da mãe, Renata foi ao encontro do pai. Bateu várias vezes na porta, até que ele atendeu. Diante dele, perguntou:

– Por que não quis jantar conosco, papai? Não está se sentindo bem?

– Estou bem! Só não estou com fome. Gostaria de ficar sozinho – respondeu, desanimado.

– Mas por quê? O que aconteceu que lhe deixou tão aborrecido? Não gosto de vê-lo assim.

– Não é nada! Apenas estou cansado.

– Mesmo assim, não deve ficar sem o seu jantar. Vou mandar trazer-lhe algo para comer. Que tal um lanche?

– Aceito. Obrigado.

O senhor Fausto rendeu-se à preocupação da filha, amava-a e não queria deixá-la apreensiva. Renata desceu para falar com a cozinheira, enquanto ele a aguardava já bem mais tranquilo.

A jovem fez questão de trazer-lhe a refeição e permaneceu fazendo-lhe companhia. Observou a face já envelhecida do seu pai, os cabelos grisalhos e trazendo consigo o ar de preocupação e cansaço visíveis. Logo que ele terminou, Renata comentou:

– Gostaria que o senhor fosse ao médico para fazer uns exames de rotina. Tem trabalhado demais, não faz as refeições regularmente e sempre está muito nervoso. Isso não é bom para o seu coração.

– Bobagem! Estou bem, não sinto nada. Para que perder tempo em consultório? Tenho muito o que fazer na minha empresa.

– Eu sei, papai! Mas é para o seu bem.

– Quando eu estiver doente, eu vou. Estou bem de saúde.

Renata silenciou, sabia que o pai não ouviria seus conselhos. Achou melhor mudar de assunto para não aborrecê-lo, então perguntou:

– Como foi o seu dia no escritório? Muito trabalho?

– Sim! Tinha coisas importantes para fazer hoje e acabei não fazendo por causa do excesso de serviço. Mas por que essa preocupação repentina? Não vai me dizer que quer aumento na sua mesada?

– Ah, papai! Deixe de brincadeiras – respondeu descontraída. – Realmente me preocupo com o senhor. Quero saber o que faz e se está feliz.

Nesse instante o senhor Fausto parou de sorrir e, olhando para a filha, redarguiu:

– Ser feliz é o que todos nós mais desejamos. Mas isso está longe de qualquer um.

– Nossa! Que pessimismo. Não queria deixá-lo triste. Minha companhia está lhe aborrecendo?

– De forma nenhuma! Não ligue para esse velho. Acho que estou um pouco desanimado e acabo falando asneiras. Você foi a melhor coisa que me aconteceu. Faria tudo para vê-la feliz, minha filha!

Renata sorriu e o abraçou carinhosamente. O senhor Fausto ficou um pouco sem jeito. Demonstrar carinho e afeição à filha era-lhe um pouco difícil, porém suas palavras eram verdadeiras. A jovem, afastando-se dele, comentou:

– Vou deixá-lo descansar agora! Boa noite!

– Boa noite, minha filha! – respondeu, emocionado.

Renata desceu as escadas e foi ao encontro da mãe, que ainda continuava à mesa fazendo a refeição tranquilamente. Reparando o ar de preocupada da filha – indagou:
– Aconteceu alguma coisa com o seu pai?
– Não, mamãe! Ele está bem.
– Então? Por que essa cara de aborrecida?
– Eu acho que o papai está me escondendo alguma coisa e é grave.
– Não seja tola! Seu pai não tem nada a esconder. Deve ser os problemas da empresa e nada mais.
– Acho que não é só isso. Ele está muito diferente, algo está acontecendo.
– Deve ser sua imaginação. Vocês jovens veem problemas e mistério em tudo – observou.

A jovem, percebendo que não conseguiria convencer a mãe, despediu-se dela e foi para o quarto. Acomodada, pôde meditar melhor sobre o seu pai. Conhecia-o bem e sabia que algo o estava afligindo. O que seria? Mas preferiu não pensar mais e tentar dormir, porém, lembrando-se de Anderson, indagou para si: Como ele estaria se virando? Já teria arrumado emprego? O pai teria esquecido as dívidas dele? Não seria esse desfalque na empresa que estaria preocupando o seu pai? Ele tinha prometido levar o caso até as últimas consequências se Anderson não devolvesse o dinheiro. Será que ele resolveu denunciá-lo ao delegado? Essas perguntas vinham à mente de Renata deixando-a muito apreensiva.

Renata olhou para o relógio à sua cabeceira e já estava muito tarde, precisava dormir. Não queria perder o sono por causa de especulações que vinham à sua mente. Tentaria resolver tudo pela manhã. Depois da universidade passaria na empresa do pai e tentaria descobrir o que realmente estava acontecendo. Decidida, virou-se para o lado, fechou os olhos e logo adormeceu.

Os jovens Waldemar e Luciano chegaram à casa do amigo. Bateram à porta e por alguns minutos esperaram, sem resposta. Insistiram e o silêncio se fez presente novamente. Resolveram ir embora, mas avistaram Anderson, que caminhava tranquilamente ao encontro deles. Waldemar foi logo dizendo:
– Já estávamos indo embora, ainda bem que Luciano o avistou.
– Que bom vê-los, amigos. Entrem! – convidou Anderson muito feliz pela visita dos amigos.

Acomodados na casa, conversaram descontraídos até tarde da noite. Depois eles resolveram sair e ir a uma lanchonete, queriam se divertir.

Adelaide, logo que terminou a refeição, foi ao encontro do marido. Vendo-o já deitado, tomou um banho demoradamente, escovou os cabelos, passou cremes na face, no corpo e nas mãos; religiosamente seguia esse ritual todos os dias. Ao se deitar, percebeu que o marido ainda estava acordado, então perguntou:

– Pensei que já estava dormindo. Eu vi você tão quieto. Está se sentindo bem?

– Não tenho nada. Apenas estou sem sono.

Breve silêncio se fez presente entre o casal; quebrando a quietude, ele perguntou:

– Hoje liguei para cá e a empregada me disse que você tinha saído, onde esteve?

– Fui ao cabeleireiro – respondeu secamente, virando-se para o lado.

– Mas você já foi ontem – redarguiu, indignado.

– Não gostei do penteado e mandei fazer outro – explicou, ainda de costa para o marido e sem dar importância à indagação.

O senhor Fausto não perguntou mais nada para não provocar discussões, e comentou para mudar de assunto:

– Hoje tivemos muitos problemas na empresa; algumas máquinas quebraram e isso acabou atrasando a produção; e para piorar, três funcionários ficaram doentes na mesma seção. Como pode? Todos ficarem doentes assim de uma vez? Ele esperou que a mulher argumentasse algo, mas o silêncio foi a resposta. Olhou para a esposa e constatou que ela já estava dormindo. Desolado, virou-se também para o lado e dormiu.

Na casa de dona Carolina reinava a paz, o que ela estranhava um pouco. Seu sobrinho Júlio tinha se modificado radicalmente, já não chegava tarde e muito menos bêbado. Permanecia sóbrio na maioria do tempo. Sua filha Christine parecia que estava bem com o noivo e já falavam em casamento. Seu sonho iria realizar-se, ver a filha casada. Satisfeita com os acontecimentos, foi para o quarto dormir.

Christine, acomodada em sua cama, apesar da aparente calma, em seu íntimo sentia-se aflita; não amava o noivo e sabia bem disso. Porém ele lhe proporcionaria uma vida tranquila, sem problemas financeiros. E isso bastava. Pensando nas provas que teria de fazer na universidade, resolveu dormir e esquecer tudo, e decidiu para si que Anderson já não representava nada em sua vida.

Dulce teve um dia tranquilo, a notícia da melhora de saúde de dona Ita e o passeio com o jovem Luciano lhe fizeram bem. A rotina do casarão caminhava tranquilamente, uma a uma, as crianças despediam-se dela dando-lhe um beijo de boa noite. Ela também resolveu deitar-se e, acomodada, refletia no que lhe acontecera. Luciano era um rapaz muito bonito e simpático, sua companhia lhe era agradável. Entretanto, não queria que esses encontros, por mais inocentes que parecessem, se tornassem frequentes. Não gostaria de ter um relacionamento amoroso, apaixonar-se não estava em seus planos, poderia sofrer muito.

Os afazeres no casarão lhe tomavam todo o tempo, não teria como construir uma família. O que dona Ita faria sem ela?, indagou. E sabia que não era uma mulher atraente, por que Luciano iria se interessar por ela? Estava bem sozinha; não precisava arrumar sofrimento para si, concluiu.

Achou melhor tentar dormir, e abriu o seu livro espírita sobre o Evangelho; seguindo os itens, leu um pequeno trecho do capítulo VI: "O Cristo Consolador"; refletiu sobre o que acabara de ler e orou fervorosamente pelo restabelecimento da saúde da sua mãe do coração.

Adormeceu logo que fechou os olhos. Perispiritualmente, encontrou com os seus Amigos Espirituais que lhe ajudavam. Juntos foram ao hospital onde se encontraram com dona Ita, que perispiritualmente se sentia bem e radiante, mas permanecia junto ao seu corpo físico, que recebia dos Amigos Espirituais e de Dácio os fluidos benéficos para refazer seu corpo físico. Todo o trabalho era coordenado pelo Mentor Espiritual do hospital.

Capítulo 17

A Traição de Fábio

Os jovens amigos conversavam descontraídos na lanchonete sem se importar com o horário. Há tempos que eles se divertiam juntos. No entanto, uma visão fez Anderson estremecer: em uma mesa distante estava o seu rival, Fábio, conversando com uma bela jovem, e não era Christine. Os amigos também o viram. Luciano comentou:

– Aquele não é o Fabio?

– Sim! É ele mesmo, e não está sozinho – afirmou Waldemar.

Um olhou para o outro e silenciaram. Visivelmente nervoso, Anderson comentou:

– Christine se enganou, fui trocado por ele. Eu não a trairia dessa forma.

– Não vamos nos precipitar – redarguiu Luciano. Pode ser apenas uma parente dele ou uma amiga que não conhecemos.

De repente os dois amigos riram, a situação era irônica e ao mesmo tempo incômoda. Só Anderson continuava carrancudo. Luciano falou:

– É melhor irmos, já está um pouco tarde e nós não temos nada com a vida de Fábio. Ele também é nosso amigo.

– Seu amigo! – afirmou Anderson.

– Que seja! Não vamos julgá-lo. É melhor irmos – redarguiu Luciano.

Os amigos concordaram. Ao saírem, Fábio os avistou, mas não deu importância ao fato e continuou conversando, descontraído, com a jovem.

Pouco depois, Anderson estava em casa; não conseguia minimizar a revolta pela cena que presenciou. Lembrou-se bem do tempo em que conheceu Christine; não foi paixão à primeira vista, na verdade seu interesse era pela sua amiga Renata, porém, não sabia explicar muito bem, mas acabou apaixonando-se por ela, e simplesmente foi trocado por alguém rico, o Fábio. Agora ele estava descaradamente a traindo. Christine estava tomando do seu próprio remédio. Sentia raiva e ao mesmo tempo pena pela situação. Tentou dormir, mas ver o dia amanhecer tornava-se rotina para ele.

O senhor Fausto tomou o seu café rapidamente e saiu sem se despedir da esposa e da filha, que continuavam dormindo. Decidiu ir à delegacia e prestar queixa contra Anderson, o que deveria ter feito há tempos, concluiu.

Renata, ao acordar, estranhou que o pai tivesse saído com tanta pressa. O que estaria fazendo?, indagou. Tomou o seu café e também saiu apressada, estava atrasada para as aulas. Adelaide, vendo-se sozinha com a empregada, perguntou:

– Ontem o meu marido ligou para mim, Cida?

– Sim, senhora! – respondeu.

– Pois bem! Quando ele ligar, mesmo que eu não esteja, diga que eu estou.

– Mas como vou fazer isso? E se ele quiser falar com a senhora?

– Diga que eu estou dormindo, que estou com dor de cabeça. Invente uma história. Você sabe que ele é muito ciumento e não gosta que eu saia sozinha. Eu preciso fazer compras e ele vê maldade em tudo – comentou com voz melosa.

A empregada, sentindo-se penalizada, respondeu:

– Está bem, senhora!

– Eu vou lhe dar um aumento, Cida! Você é uma excelente empregada, faz tudo direitinho. Precisa ser gratificada.

Cida sorriu e comovida agradeceu o gesto da sua patroa, retornando aos seus afazeres domésticos. Adelaide também sorriu, agora com o aval da empregada poderia sair de casa com mais tranquilidade.

O senhor Fausto finalmente chegou à delegacia e entrou na sala do delegado. Era um amigo de infância e o ajudaria. Não se sentia bem com essa situação, mas era necessário fazer alguma coisa. Anderson teria de ser punido por ficar com o seu dinheiro. Ele precisava de uma lição. Diante do amigo, o senhor Fausto narrou detalhadamente os fatos que envolveram o desfalque ocorrido na sua empresa e todas as suas suspeitas caíam sobre o ex-funcionário. O delegado ouviu atentamente todas as explicações. Depois ele comentou:

– Nós vamos dar um "jeito" nesse rapaz. Ele nunca mais vai pegar nada de ninguém – gargalhou, sarcástico.

Pedro Fausto nesse instante sentiu arrepios percorrerem-lhe a espinha, por um momento duvidou se estava realmente fazendo a coisa certa. Recomendou ao delegado:

– Gostaria que não o machucasse. Apenas lhe desse um susto. Deixá-lo preso por algum tempo seria uma boa lição.

– Mas, Pedro Fausto, não somos educadores nem padres. Aqui ele vai contar tudo o que fez com o seu dinheiro. Pode ficar tranquilo. Eu conheço esse tipo de gente. Usa o dinheiro roubado para sabotar o governo. Eu não vou deixar isso acontecer na minha cidade.

Antes que o senhor Fausto argumentasse, o delegado chamou o escrivão. Na velha máquina de escrever o funcionário datilografou rapidamente todas as declarações do empresário. Duas horas depois, Pedro Fausto estava em seu escritório. A experiência na delegacia lhe fizera mal. Sentia fortes dores de cabeça e não conseguia concentrar-se no trabalho. Sozinho, perguntava-se: "E se Anderson fosse realmente inocente? E se foi outra pessoa que lhe roubou? Mas quem seria?". As horas pareciam passar lentamente.

Todo o seu nervosismo foi notado por Waldemar, que atento às reações do seu patrão, perguntou para si: O que estaria acontecendo? No entanto, teria de deixar a curiosidade de lado e continuar o seu trabalho.

Em casa e ainda dormindo, Anderson não podia imaginar o que iria lhe acontecer. O seu passado chamava-lhe à razão novamente e, como um sonho, recordava:

O mesmo andar nervoso de um lado a outro e o bater do chicote nas botas ressoava pelo grande salão. Novamente o capataz lhe chamou a atenção:

– Senhor! A velha negra não vai aguentar muito tempo no tronco. Já está lá há tempos. Não vai suportar tanto castigo.

– Essa velha não aprende. Está sempre ajudando os negros no tronco com comida e água. É melhor que a liberte e a mande para os seus. E me deixe em paz, seu imprestável! Quero pensar! – berrou.

Antes que o capataz fosse embora, ele interpelou:

– Da fazenda queimada, mais alguma notícia?

– O estrago foi muito grande. Dizem que o velho "raposa" saiu gritando por dentro do cafezal em chamas; está entre a vida e a morte. Acham que não suportará as queimaduras. Se ele sobreviver, não conseguirá saldar as dívidas. Sua plantação está toda arruinada.

Anderson sentiu um mórbido prazer nas palavras do seu capataz. Por um momento pensou em sua esposa e perguntou:

– A armadilha está pronta?
– Bem, senhor! O capataz fez um breve silêncio e continuou: – Tem certeza que quer fazer isso?
– Questiona as minhas ordens, homem! Quem pensa que és? – gritou.

O capataz apenas abaixou a cabeça. Anderson batia nervosamente o chicote nas botas e comentou:
– Eu odeio essa mulher. Azar o dela se caiu nos braços alheios. Os dois pagarão com a vida. Agora me conte o que sabe.
– O rapazola vem todas as quartas-feiras, quando todos ainda estão trabalhando e o senhor está no cafezal. Eles ficam conversando, não a vejo sair do lugar e está sempre em companhia da dama. Muitas vezes eu a ouvi gritar com ele para que fosse embora.
– Atrevido esse rapazola. O que ele quer?
– Ainda não sei, senhor! Mas vou descobrir. Tem muita gente vasculhando a vida dele lá na cidade.
– Ele vem conversar com a minha mulher em minha ausência, é o que basta. Logo pegaremos os dois.

O capataz apenas balançou a cabeça confirmando as palavras do patrão e saiu. Anderson permaneceu sozinho maquinando um plano para destruir a esposa e o suposto o amante. Pensava: "Logo eu acabo com essa mulher. Maldita hora em que eu me casei, nem herdeiros pode me dar. Estarei livre dela e desposarei quem eu amo de verdade. Não sei se ela me ama, mas se não me ama, farei tudo para que goste de mim. Vai me aceitar". Entretido em seus pensamentos não reparou que entardecia. O capataz retornou e comentou:
– Senhor! O fazendeiro acaba de falecer, não suportou as queimaduras. Mas jurou vingar-se do senhor. Antes de morrer, jurou vingança e o amaldiçoou.
– Não acredito nessas tolices! Morreu, está acabado. Ele pode se vingar de mim debaixo da terra.
– Mas, senhor! Os negros na senzala dizem que os mortos voltam para nos assombrar e cobrar nossas dívidas.
– Bobagem! Os escravos querem apenas nos assustar para que pessoas medrosas como você fiquem apavoradas. Mande selar o cavalo, irei à fazenda da família Mendes e darei as minhas condolências.

O empregado saiu e minutos depois Anderson estava montado em seu cavalo, juntamente com o seu capataz de confiança e mais um empregado da fazenda. Logo chegaram à fazenda. A visão era de desolação e dor, o cheiro de carne queimada ainda permanecia na atmosfera.

O cafezal estava totalmente destruído pelo fogo. A casa grande não tinha sido atingida. Calmamente, ele desceu do cavalo e foi até a casa.

Havia muita gente, pessoas das redondezas vieram à fazenda quando souberam da morte do rico fazendeiro. Anderson olhava atento a tudo, a tristeza do lugar não lhe feria a alma, pelo contrário, ver o inimigo derrotado por pura ambição causava-lhe prazer. O corpo do fazendeiro estava sendo velado no grande salão, e ao olhar o rosto deformado pelas queimaduras, ele lhe pareceu conhecido. Acordou por causa do barulho na rua.

Olhando ao redor, percebeu que estava em casa. Tentou lembrar-se do sonho, no entanto, era tudo muito confuso. Apenas fragmentos sem definição; esforçava-se para lembrar, em vão. Preferiu não dar atenção ao sonho e arrumar-se, queria visitar sua mãe adotiva no hospital e também iria à casa de Jacinto. O jovem levantou-se e foi ao banheiro, olhando-se ao espelho percebeu que tinha a barba por fazer. Tinha se desleixado com a aparência. Logo depois fazia o seu desjejum tranquilamente, traçando em pensamento o seu trajeto do dia.

Capítulo 18

A Recuperação de Dona Ita

Dulce acordou bem cedo, queria arrumar-se logo para visitar dona Ita. Ajudaria a arrumar as crianças para a escola e, logo que terminasse, iria ao hospital.

Dona Ita demonstrou grande melhora e o médico tinha liberado as visitas. Ela já não corria risco de morte, recuperou-se melhor do que o esperado. Perguntava constantemente sobre suas crianças do orfanato. O médico a tranquilizava, receberia visitas naquele dia e assim poderia saber notícias delas. Ela, olhando para o seu médico e amigo, arriscou perguntar:

– Doutor Honório, você sabe notícias do meu filho Anderson? Será que ele arrumou emprego?

– Dona Ita, a senhora está proibida de se preocupar com os outros. Sua saúde agora é importante. Vou colocá-la de castigo novamente e não receberá mais visitas.

A enferma sorriu; entendia a preocupação do seu velho amigo, mas o filho do coração lhe deixava muito apreensiva. Era necessário saber notícias dele. As dúvidas transpareciam no semblante dela, o que foi notado pelo médico que comentou:

– Seus filhos virão visitá-la. Não se preocupe. Descanse agora! É importante para a sua recuperação.

Dona Ita balançou a cabeça, demonstrando que compreendia as recomendações do amigo. Em seu íntimo, sentia-se angustiada com relação a Anderson; acreditava que algo de muito ruim aconteceria com ele. Pensando assim, pediu ao médico que chamasse Dulce, pois não aguentaria esperar a hora da visita. O doutor Honório concordou; não queria que a paciente tivesse qualquer recaída, abriria uma exceção.

Dulce ainda continuava no orfanato quando recebeu a visita da vizinha que lhe chamava, tinha um recado do hospital. Ela estremeceu;

poderia ser uma notícia ruim sobre a mãe Ita, e foi até a casa da amiga atender ao telefone. Felizmente era um recado de dona Ita para visitá-la logo pela manhã. A jovem arrumou-se e foi para o ponto de ônibus. Iria para o hospital o mais rápido possível.

Jacinto passou a noite trabalhando, sentia-se um pouco cansado quando recebeu o recado do seu chefe que queria falar-lhe. Logo o vigia estava diante dele e soube que ele queria marcar uma entrevista com Anderson, tinha uma vaga na empreiteira. Ele recebeu a notícia com muita alegria e, tão logo se viu sozinho, foi arrumar-se para ir à casa do amigo.

Anderson continuava em sua casa, tranquilamente, quando ouviu batidas fortes no portão. Homens mal encarados dizendo que eram da polícia entraram na casa e começaram a revirar tudo. O jovem olhava perplexo toda a cena à sua volta; seu pavor era tão grande que mal conseguia sair do lugar. Sem demonstrar qualquer reação o algemaram e levaram-no preso. Todo o movimento foi flagrado pela vizinha do jovem, que não podia acreditar no que estava presenciando. Imediatamente resolveu ir ao orfanato e avisar Dulce sobre o que estava acontecendo.

O senhor Fausto encontrava-se no escritório quando ouviu o tilintar do telefone. Era o delegado de polícia que lhe informava da prisão de Anderson. Ao desligar o telefone, Pedro Fausto concluiu: "Ele era realmente culpado e iria ter o que merecia". Tentando dissipar suas aflições mais íntimas, resolveu colocar em ordem os papéis que continuavam sobre a mesa.

Anderson, assustado com o que estava lhe acontecendo, foi levado algemado para a delegacia. Ao entrar sentiu medo, sabia que o seu ex-patrão o denunciara. Diante do delegado ouviu as acusações e as negou veemente. Não era responsável pelo desfalque na empresa. O delegado ironizou dizendo:

– Quer dizer que não é culpado! Então o dinheiro deve ter desaparecido assim... Como toque de mágica.

– Não fui eu! Sou honesto! – respondeu Anderson.

– Cala a boca! – gritou o delegado. – Eu não lhe dei ordem para falar. Você deve fazer parte desses grupos rebeldes, militantes. Roubou para ajudá-los. Não sou idiota! Vai dando os nomes – berrou, dando murros na mesa.

Estarrecido com a cena à sua frente, o jovem começou a gaguejar:

– Sou inocente, doutor!

– Levem-no daqui e tranquem-no! Logo falará tudo o que queremos – redarguiu o delegado.

O carcereiro pegou com força o braço do prisioneiro e o levou. Desceram as escadas, andaram por um longo corredor escuro, sujo e sombrio. Uma pequena cela o esperava. O carcereiro abriu a porta de ferro e o empurrou para dentro com toda força. Anderson bateu fortemente as costas e a nuca na parede, fazendo com que caísse no chão atordoado. Apavorado com a situação, olhou ao redor do lugar; era apertado, muito escuro, úmido, o cheiro do ar misturava-se com sangue e mofo. O mau cheiro causou-lhe enjoo. Pensou: "O que será de mim agora? Estou perdido".

Naquele instante não lhe restava mais nada a não ser chorar. Sentindo-se frágil e indefeso chorou muito, muito mesmo. Ouvindo barulho de passos que vinham em sua direção, estremeceu. Dois homens abriram a cela e, com socos e pontapés, bateram muito nele. Gritavam para que ele confessasse. Algemado, não ofereceu resistência, apenas gritava que era inocente e que parassem. Os homens saíram da cela rindo, deixando Anderson machucado e sangrando ao chão. Logo depois o carcereiro lhe jogou um balde de água fria, molhando-o todo, e saiu também gargalhando pelos corredores. Sentindo muitas dores pelo corpo e frio, o jovem lembrou-se de mãe Ita, da sua infância, quando ela o ensinava a orar antes de dormir. Silenciosamente, orou a Deus para que lhe ajudasse nessa hora. Era inocente e não queria morrer naquele lugar. Cansado adormeceu, mesmo sentindo dores, frio e fome. Uma hora depois, o carcereiro lhe jogou outro balde de água, acordando-o. Anderson acreditava que era o seu fim.

Dulce finalmente chegou ao hospital, encontrou mãe Ita dormindo e aproximou-se dela silenciosamente para não acordá-la, mas a enferma, sentindo a sua presença, acordou. A jovem não conseguia acreditar em seus olhos. Dona Ita aparentava grande melhora, e a enferma foi logo perguntando:

– Anderson não veio com você? Cadê o meu filho?

– Calma, mãe Ita! Por favor, acalme-se! Ele está na casa dele, e não sabe que a senhora já pode receber visitas. Amanhã ele virá.

– Minha filha! Sinto o meu coração angustiado, acho que Anderson está em perigo, em grande perigo. Quando eu estava dormindo, parecia que eu escutava o choro dele.

– Ah! Mãe Ita! Não pode preocupar-se assim. Vai ter outra recaída. Olha a sua pressão. Quero que saia logo daqui. Anderson sabe se cuidar.

– Eu sei, minha filha! Mas algo está errado. Prometa que irá à casa dele quando sair daqui e me trará notícias.

– Prometo! Vai ser a primeira coisa que farei. Agora descanse um pouco. Quero ver a senhora bem. Acalme-se! Não quero perdê-la.

Ouvindo os apelos da jovem, a enferma fechou os olhos; em seu íntimo sabia que Anderson corria perigo, entretanto, doente como estava, nada poderia fazer para ajudá-lo, o melhor seria recuperar-se logo. Com a idade que tinha todo cuidado era pouco. Dulce sentou-se ao seu lado e permaneceu ali até que ela dormiu profundamente, em consequência das medicações. Logo que terminou o seu horário de visita no quarto, a jovem foi falar com o médico. O doutor Honório sentia-se confiante na recuperação da paciente e comentou:

– Dona Ita é uma guerreira mesmo. Ela vai se recuperar totalmente e logo estará brincando com as crianças do orfanato.

– Assim seja, doutor! As crianças não param de perguntar por ela.

– Ela ainda precisa de cuidados intensivos, mas do jeito que está indo, logo poderei dar alta a ela.

– Obrigada, doutor! Vê-la de volta ao casarão é o que mais desejo.

Dulce continuou conversando com o médico e, alguns minutos depois, estava no ponto de ônibus; iria à casa de Anderson como prometeu à mãe.

Capítulo 19

As Forças Benéficas da Oração

Pedro Fausto saiu do escritório cabisbaixo, e muito apreensivo passou pelos funcionários sem nada dizer. Todos estranharam, pois não era do seu costume fazer isso; cumprimentava-os tanto na entrada como na saída. Porém hoje foi diferente. Waldemar notou a atitude do patrão, e era desde o estranho telefonema. O que teria acontecido?, indagou para si. Olhou para o relógio, percebeu que demoraria o final do expediente e sentia-se cansado. Passaria para ver o amigo Anderson logo que saísse do trabalho.

Jacinto foi o primeiro a chegar à residência de Anderson, chamou pelo amigo e percebeu que não havia ninguém na casa. Achou melhor esperar um pouco na frente, talvez ele estivesse nas proximidades e voltasse logo. Sentou-se na guia da calçada e esperou. Mas o tempo foi passando e, percebendo que o amigo não viria tão cedo, preferiu retornar no dia seguinte para conversar com o rapaz.

Tão logo Jacinto saiu, Dulce chegou, chamou pelo rapaz e nada obteve. Para a sua surpresa, a vizinha veio encontrá-la. A mulher foi logo dizendo:

– Eu fui até o orfanato para falar com você, mas me disseram que estava no hospital.

– O que houve? – perguntou Dulce, já esperando pelo pior.

– A polícia veio aqui e levou Anderson preso. Coitado!

– A polícia? Mas como? Por que fizeram isso? – redarguiu, estarrecida com a notícia.

– Não sei! Algemaram-no e o levaram.

– Meu Deus! O que vou fazer agora? – indagou Dulce, já com lágrimas nos olhos.

A mulher sentiu pena da jovem; apesar de ser uma pessoa indiscreta, naquele momento silenciou. Dulce despediu-se dela e saiu. Iria pegar o ônibus que a levaria para casa, queria ajudar Anderson, mas não sabia como. Pensou em seu amigo Luciano, tinha certeza de que mais uma vez ele a ajudaria; além disso, Anderson e ele eram muito amigos. Foi para o orelhão. Ao telefone explicou rapidamente o que estava acontecendo. Luciano pediu que a esperasse onde estava, ele a buscaria. Juntos pensariam no problema. Meia hora depois Luciano foi ao encontro de Dulce. Ao vê-lo, ela foi logo dizendo:

– Graças a Deus que chegou! Anderson foi preso. A polícia o levou.

– Como pode ser? – indagou Luciano, nitidamente preocupado.

– A vizinha dele me contou. Precisamos ir à delegacia, ver o que podemos fazer.

– É muito perigoso irmos à delegacia. Pensarão que estamos junto com ele.

– Meu Deus! O que faremos? O que será de Anderson? – perguntou Dulce, já com lágrimas nos olhos.

Luciano, vendo o estado emocional em que se encontrava a jovem, abraçou-a carinhosamente tentando confortá-la. Comentou:

– Acharemos uma saída. Fique tranquila. Por enquanto nada poderemos fazer. Vamos para o casarão. Quando Waldemar sair do trabalho nos encontrará, e juntos pensaremos em algo para ajudar o nosso amigo. Dulce balançou a cabeça, concordando com as palavras dele. Entrou no carro e saíram rumo ao casarão, depois iriam à casa de Waldemar. Tinham esperança de solucionar o problema.

Acomodado em sua casa, Jacinto pensava em seu jovem amigo; sentia que algo estava errado com ele. A imagem do jovem vinha à sua mente, o seu rosto denotava desespero, sofrimento e tristeza. O que isso significava?, perguntou para si. Achou melhor orar pelo rapaz. Seus pensamentos eram todos voltados a ele. Nesse instante de oração, queria transmitir-lhe emanações de força, paz e resignação onde quer que Anderson estivesse.

Acordada, dona Ita também orou em favor do seu filho. Sentia que ele precisava de ajuda. Anderson, na cadeia, foi envolvido pelas emanações de prece das pessoas que o amavam. Apesar de estar todo molhado, com fome e frio, sentiu-se amparado. A sensação de paz e leveza o envolveu, não sabia explicar o que estava acontecendo. Continuou deitado no chão. O carcereiro que veio mais uma vez para molhá-lo, ao vê-lo, por um instante penalizou-se. Preferiu não molhá-lo e retornou. Ao encontrar com os outros colegas de trabalho, comentou:

– É melhor deixarmos o rapaz por hoje. Ele já está bem assustado. Vou levar algo para ele comer.

Os amigos olharam uns aos outros sem nada entender. Como dissera, o carcereiro levou um prato de arroz, um pão amanhecido e água para Anderson. Ao entregar a comida, disse categórico:

– Coma isso! Não queremos que morra de fome. Amanhã será um dia penoso para você. Você dará o nome dos seus amigos que o ajudaram a roubar, ou então...

Anderson ouviu as palavras do carcereiro e estremeceu. Logo que se viu sozinho, o jovem comeu a comida com ferocidade, aquilo lhe parecia um banquete. Não tinha noção das horas e do tempo que estava na cela. Ao terminar de comer, sentia ainda muito frio. Encolheu-se em um canto e, apesar de tudo, conseguiu adormecer. Novamente o passado se fazia presente em seus sonhos. Sua consciência lhe chamava para reparações:

Na varanda da casa grande ele se viu vestido como um coronel, olhando o horizonte, como fazia quando estava nervoso. Batia o cabo do chicote na borda das botas quando o capataz da fazenda lhe chama a atenção dizendo:

– Patrão! Pegamos os negrões fujões. O que quer que façamos com eles?

– Deixe que eu mesmo fale com eles. Eles verão o peso do meu chicote.

– E pegamos a velha sinhá dando comida novamente para os negros presos.

– Mas essa velha não aprende. Será que o tronco não foi o suficiente? Pegue-a e deixe-a presa. Ache um lugar mais escuro e sombrio para ela. Depois eu vou falar com ela.

– A velha está doente, patrão! Não vai resistir aos castigos – respondeu o capataz, sensibilizado com o estado da escrava.

– Deixe-a presa. Depois verei. Agora me deixe em paz.

– Sim, patrão! – respondeu o empregado, retirando-se rapidamente do local temendo qualquer represália.

O fazendeiro continuou na varanda, quando foi novamente interrompido por uma voz feminina. Era a sua esposa que o chamava. De costa para ela, perguntou:

– O que quer, mulher?

– Quero falar com você. Ainda está pensando na filha do finado fazendeiro?

— Cale-se! — berrou virando-se de frente para ela. — Não lhe dei o direito de falar comigo assim!

Ela, não se intimidando com os gritos do marido, respondeu:

— Por que não corre para os braços dela? Ela não gosta de você. Não é isso?

Anderson, irritado, pegou-a pelos braços, e a empurrou para longe dele e continuou a gritar:

— Vá para o seu quarto antes que eu perca a cabeça e te mate. Vá, mulher! Saia da minha frente.

A esposa assustada e temerosa obedeceu-lhe, indo para o quarto. Deitada em sua confortável cama, chorava compulsivamente. Sabia que o marido amava uma das filhas do fazendeiro. Mas qual delas seria? Perguntas que não podia responder vinham à sua mente. Sozinha, só lhe restavam as lágrimas.

Anderson recebeu a visita de um amigo que ele reconheceu sendo Luciano, que foi logo dizendo:

— Eu investiguei o homem misterioso que vem visitar a sua esposa periodicamente, como me pediu.

— Então, quem é ele? — perguntou, curioso.

— Ele é o filho bastardo do seu falecido sogro.

— Como? Não entendi. Ele é irmão da minha esposa?

— Sim! O velho teve um caso com uma jovem da cidade e mandou a mãe e o filho para bem longe do Brasil. Parece que a mãe dele morreu, o jovem ficou sem dinheiro e voltou para cá. Vive de golpes aqui e ali.

— Eu vou matar essa mulher. Por que não me contou?

— Pareceu que ela só ficou sabendo agora. E tem mais...

O amigo fez uma pequena pausa, que foi interrompida por Anderson que estava visivelmente nervoso.

— O quê? Fale logo?

— Ele quer dinheiro para sair do país. Por isso vem aqui para que a sua esposa o dê. Vive fazendo chantagem.

— Como descobriu isso tudo? Pedi ao capataz e ele não descobriu nada até agora.

— Perguntei aqui e ali. Mas precisei dar um "aperto" na aia. A velha me contou tudo. O quer que eu faça agora?

Anderson pensou um pouco e respondeu:

— Quero que dê um "susto" nesse bastardo, será um recado meu para ele, e que fique bem longe da minha fazenda e da minha mulher.

— E quanto a ela, o que vai fazer?

— Nada! É melhor que ela não saiba que eu sei dessa história. Agora quero que você me acompanhe à fazenda dos Mendes, quero fazer uma visita a uma das filhas do velho.

O amigo balançou a cabeça e sorriu. Os dois selaram os cavalos e saíram em disparada rumo à fazenda mais próxima. Lá encontrou com um casal de velhos, tios das jovens, que estavam cuidando da fazenda e delas. Eles estavam decidindo o que fariam com a propriedade, já que Anderson fez uma oferta generosa de compra. Educadamente, o velho casal mandou que ele entrasse à casa grande. Acomodados na sala, conversavam sobre a compra da fazenda, quando foram interrompidos pela visita das belas jovens. A imagem delas o fez acordar assustado, estavam diferentes em seus sonhos, mas sabia em seu íntimo que as conhecia. Fechando os olhos, adormeceu quase que instantaneamente.

O seu passado inserido em seu subconsciente vinha à tona nos sonhos. Era obscuro, no entanto, sabia que tudo aquilo ele já vivenciara. Dona Ita, em seu estado perispiritual, juntamente com o seu Mentor, veio buscar Anderson. Esperaram que ele adormecesse profundamente. Queriam aconselhá-lo e fortalecê-lo para ajudar-lhe na sua difícil jornada. Adormecido, foi levado com eles. Anderson, sem nada saber, perispiritualmente viu dona Ita e a reconheceu como sendo a escrava negra. Assustado, ajoelhou-se diante de seus pés e em prantos disse:

— Negra! Perdoe-me! Fui um carrasco. A ambição e o egoísmo foram o meu guia nessa jornada ao desfiladeiro. Hoje estou preso pela minha própria culpa. Apiede-se desse homem que só lhe causou o mal.

Anderson estava revivendo o seu passado e acreditava estar na roupagem do fazendeiro Armelindo, como era chamado. Dona Ita carinhosamente lhe afagou os cabelos e respondeu:

— Meu filho querido! Não tema! Está entre amigos que o amam. Esqueça da sua roupagem do passado. Lembre-se do Anderson paciente e bondoso.

Anderson, fechando os olhos, perguntou:

— Eu morri! Por isso voltei a este mundo?

— Não, meu filho! Está encarnado ainda. Trouxemos você aqui para robustecê-lo e explicar-lhe algumas coisas. Acalme-se!

O jovem obedeceu e, envolto nas vibrações benéficas do lugar e do amor sincero que lhe transmitiam os amigos à sua volta, tranquilizou-se. A velha senhora explicou:

— Acredita que estando preso àquela cela sofrendo calúnias e injustiça, estaria esquecido por Deus? Acredita que Deus é vingativo e rancoroso com os filhos, por isso o abandonou? Não, meu filho! O

Deus de Amor é maior que tudo. Somos pequenos e não conseguimos imaginar-lhe a grandeza. Ele é onipresente e onipotente, está conosco a todo momento. Confia naquele que nos ama. É importante para você tudo o que está vivendo nesse instante. Requer paciência, resignação e coragem de sua parte. Acredita que Deus dá um fardo pesado para aquele que não pode suportar? Não é dado a alguém carregar o dobro do seu próprio peso. Seria impossível carregar. Se Deus lhe confiou esse aprendizado, é porque sabe que sairá vitorioso. Espíritos amigos oram por você, por todos nós.

Quando você retornou para esse mundo na roupagem carnal do fazendeiro Armelindo, foi resgatado das mãos de espíritos vingativos e cruéis presos ainda na ignorância, desconhecendo o amor fraternal como a alavanca da ascensão espiritual. Cuidado por trabalhadores do nosso plano, pediu para passar por humilhações e sofrimentos pelos quais afligiu os seus. Como fazendeiro Armelindo era muito rico, senhor de muitos escravos, casou-se por puro interesse. Não a amava, porém ela era herdeira de grande propriedade e, juntando-se à sua, tornou-se poderoso e muito temido na região. Sua esposa o amava, mas você a retribuiu com desprezo e humilhação.

Era apaixonado pela filha do fazendeiro Mendes, o qual você, para prejudicá-lo e forçá-lo a vender a propriedade, mandou atear fogo, arruinando-o. Desencarnado, jurou vingar-se de você. Esse fazendeiro encontrasse encarnado como Pedro Fausto. Suas filhas eram Alice e Celina. Elas são o que você conhece como: Renata (Alice) e Christine (Celina).

Você era apaixonado por Alice, no entanto, devido ao seu estado civil, a jovem não lhe correspondia às investidas, apesar de sentir o mesmo e sofrer calada. Mas Celina, interessada na sua fortuna e percebendo a paixão que sentia pela irmã, insistiu para que os tios a mandassem para a França, o que foi realizado. A jovem só retornou anos mais tarde.

Celina, aproveitando-se de sua fragilidade e tristeza em virtude da partida da jovem, insistiu em um relacionamento amoroso e conseguiu. Tinham encontros clandestinos até que a esposa os surpreendeu. Discutiram os três e no auge da contenda você agrediu sua esposa, que na queda ficou paralítica. Sentindo-se culpado abandonou a amante, que se declarando apaixonada não aceitava a separação.

Para a sua surpresa, Alice retornou da França, mais linda ainda. O contato com a jovem reacendeu a velha paixão, e você desprezou sua esposa doente e sua amante. Celina não se conformou em ser menosprezada e contratou um jovem, seu cunhado, irmão bastardo de sua esposa, o qual mandou surrar. Juntos armaram uma cilada para Alice.

Celina induziu você a acreditar numa suposta paixão dos dois jovens, fazendo com que os flagrasse em um suposto encontro amoroso. Você, ferido em seu orgulho, espalhou boatos maldosos e mentirosos da conduta moral de Alice. Envergonhada, ela retornou à Paris.

Anderson, aos prantos, ouvia atento o relato da velha senhora; as imagens do passado vinham à sua mente, ora nebulosas ora nítidas. Dona Ita continuou:

– Sua esposa incapacitada foi abandonada por você em uma cama, era cuidada por escravos da casa, pela bondade e dedicação dos corações deles. Ela desencarnou jurando vingar-se de você. No plano espiritual, juntou-se ao fazendeiro desencarnado. Eles o obsediaram juntamente com outro grupo de escravos desencarnados. Por causa da investida deles, você começou a ter visões perturbadoras, uma hora enxergava sua esposa acusando-o; outra hora, era o fazendeiro. Alguns empregados e escravos da casa começaram a temê-lo e a acreditaram que estavam louco.

Celina, mais uma vez aproveitando-se da situação e vendo-o frágil e doente, insistiu em um casamento, que acabou acontecendo. O jovem que ajudou na cilada de Alice tornou-se seu amante, até que ela se cansou dele e o abandonou. Ele convive na atual reencarnação como Júlio, o primo de Christine. Como piorava a cada dia, você foi mandado para Paris a um manicômio. Sabendo do seu estado mental, Alice ia visitá-lo quando lhe era permitido. Sofrendo a influência dos desencarnados e dos choques do tratamento que recebia, tornou-se violento. Acabou desencarnando na prisão do lugar.

A Providência Divina os reuniu novamente; todos prometeram reparar seus erros aos outros, porém, na roupagem carnal tudo se torna cada vez mais difícil e as promessas muitas vezes são esquecidas. É necessário semear a paciência e a compreensão por onde passamos, para que os nossos frutos sejam de paz.

Anderson, ouvindo os relatos de dona Ita, aos poucos foi se lembrando de cada um com quem conviveu no passado, sabia em seu íntimo que o que estava passando era a colheita da sua má semeadura. Ele pediu o resgate das faltas cometidas, era importante agora saber se realmente conseguiria passar por elas vitorioso. O jovem tinha algumas perguntas em mente, não se lembrava da esposa, será que nutriam tanto ódio um do outro para que não se lembrasse? Toda vez que sonhava com ela não conseguia ver o seu rosto, pois estava sempre de costas para ela. Estaria na esfera carnal com ele? Estaria por perto? Dona Ita, lendo os pensamentos conflitantes do pupilo, argumentou:

– Não aflija seu coração com mais perguntas. Tudo a seu tempo. A tua esposa de outrora que tanto desprezara foi muitas vezes sua companheira em suas vidas carnais, mas juntos construíram discórdias, traição, desamor e ódio ao longo da jornada. Devemos amar o irmão que caminha conosco para juntos construirmos pontes de respeito e amor. Dona Ita fez uma pequena pausa e, olhando para Anderson, observou:

– É melhor levarmos você, precisa descansar. Não se lembrará de toda a nossa conversa, mas nas horas difíceis que passará, lembrar-se-á de nossos conselhos. Estaremos orando por todos vocês, todos os envolvidos nessa jornada de reajuste.

Envolto pelos passes magnéticos que recebeu dos Amigos Espirituais que estavam ao seu lado, Anderson adormeceu profundamente, apesar da sua situação na cela, mais tranquilo.

Capítulo 20

O Pedido de Casamento

Os jovens reuniram-se com Waldemar em sua casa, pensaram em contratar um advogado para o amigo preso, mas nenhum deles dispunha de qualquer quantia para pagar os honorários do profissional. Waldemar disse:

— Não sei como faremos para tirar Anderson da cadeia. Juntando as nossas economias não dá para pagar a hora do advogado. O que faremos?

Os dois jovens olharam um para o outro e nada responderam. O desânimo tomava conta dos amigos. Nesse instante, Dulce lembrou-se de mãe Ita e comentou:

— Mãe Ita me fez prometer que levaria notícias de Anderson. Como vou dizer que ele está preso? Ela não vai resistir.

— Entrar em desespero não vai adiantar – argumentou Luciano. – Precisamos nos acalmar para ajudar o nosso amigo.

— Eu vou falar com o senhor Fausto – disse Waldemar. – Tenho certeza que foi por causa do desfalque na empresa que Anderson foi preso. Por isso hoje ele estava tão nervoso e estranho no trabalho.

— Cuidado! Poderá perder o emprego por causa disso – redarguiu Luciano. – É melhor ir com calma.

— É um risco que tenho de correr. Só ele poderá retirar a queixa contra Anderson. Vou à casa dele.

— Eu vou com você – interveio Dulce. – Pedirei de joelhos se for preciso para livrar Anderson dessa situação.

— Iremos todos. Assim seremos mais fortes – disse Luciano.

Apesar da grande preocupação que pesava sobre suas cabeças, respiraram aliviados por alguns instantes e partiram de imediato à casa do senhor Fausto.

Reunidos na casa de dona Carolina, tudo era alegria; Fábio pediu oficialmente a mão de Christine em casamento. Marcaram a data, seria o mais breve possível; esperariam apenas três meses. Dona Carolina insistiu que era pouco tempo para preparar tudo. Fábio argumentou:

– Dona Carolina, deixe tudo por conta da minha mãe. Ela ficará feliz em arrumar tudo.

– Mas não posso deixar tudo para a sua mãe. Isso não é justo.

– Não se preocupe com isso. Ela fará tudo com muito gosto e a senhora poderá ajudá-la.

– Assim está melhor – respondeu.

Christine estava feliz; convenceu-se de que amava Fábio e ele seria um bom marido. Felizes, os noivos brindaram. Júlio chegou nesse instante. Dona Carolina o convidou para brindar também, mas educadamente recusou, sentia-se indisposto e preferia ir para o quarto.

Acomodado, Júlio refletia sobre a sua vida; estava sem dinheiro, nem não se conformava com o salário que recebia e nem ser submetido a receber ordens. Precisaria arrumar algo para sair daquela situação. Queria ir embora, mas como, sem dinheiro? Não gostava dos encontros secretos que fazia. Isso não estava lhe rendendo nada. Sentiu vontade de sair e divertir-se um pouco. Decidido, arrumou-se, olhando-se ao espelho, admirou-se, era um rapaz bonito e não merecia a vida que levava, pensou. Apesar das perguntas insistentes da tia, saiu sem dar importância.

Os jovens chegaram à mansão; identificaram-se e o senhor Fausto os mandou entrar. Acomodados na sala de estar, Waldemar foi direto ao assunto:

– Senhor Fausto, desculpe-nos o incômodo de vir à sua casa a essa hora. Mas estamos sabendo que Anderson foi preso e queríamos tirá-lo da cadeia, e gostaria que o senhor nos ajudasse.

– Como? Querem que eu ajude um ladrão? – indagou.

– Anderson não é nenhum ladrão. Ele é um homem bom e honesto – argumentou Dulce, chorosa.

– Olhe! – exclamou Fausto. – Sei que a intenção de vocês é boa. Mas Anderson está recebendo o que merece. Ele me roubou, traiu a minha confiança. Por isso dei queixa dele.

– Sabemos das suas razões, senhor Fausto – interveio Luciano. – Conhecemos Anderson. Ele seria incapaz de fazer mal a alguém, muito menos trair-lhe a confiança. Ele não é ladrão.

– Por favor, senhor Fausto! Eu lhe imploro! Livre o meu irmão da cadeia. Irão maltratá-lo. Eu lhe peço: retire a queixa – pedia Dulce, chorando compulsivamente.

Pedro Fausto foi irredutível, dizendo:

– Nada posso fazer! Sinto muito! Ele me roubou. Terá de pagar.

– Poderá estar cometendo um grande erro – afirmou Waldemar.

– Tenho certeza de que foi ele. Só pode ter sido ele – argumentou Fausto.

– Eu vou provar ao senhor que não foi ele – respondeu Waldemar, taxativo.

– É melhor irmos embora – comentou Luciano, sabendo que não adiantaria insistir.

Os três saíram cabisbaixos e muito nervosos. Pedro Fausto também não se sentiu bem e permaneceu na sala. Da janela do seu quarto, Renata reconheceu os amigos. Desceu as escadas rapidamente e foi ao encontro deles. De imediato, questionou a visita inesperada. Waldemar explicou todo o ocorrido. Renata entristeceu por causa da atitude do pai; prometeu aos amigos que também ajudaria e tentaria convencê-lo a retirar a queixa. Despediram-se esperançosos e confiantes.

Jacinto estava muito preocupado com o amigo; conseguiu um emprego para ele, mas não conseguiu encontrá-lo. Já tinha ido à casa dele, sem sucesso. Essa noite não trabalharia, aproveitaria para dormir cedo e pela manhã iria à casa dele para tentar encontrá-lo.

Capítulo 21

Ânimos Acirrados

Dulce e os rapazes voltam para o orfanato. Acomodados, avaliaram a situação. Luciano argumentou:
– Acho que Renata conseguirá convencer o pai. Ele a escuta.
– Não sei, não! – redarguiu Waldemar. – O senhor Fausto está irredutível. Ele está convencido de que Anderson roubou seu dinheiro.
– Ele não faria isso. Tenho certeza. Como iremos provar sua inocência e o que farão com ele na cadeia? – perguntou Dulce, apreensiva.
– As piores coisas possíveis. Farão ele confessar mesmo sendo inocente – comentou Luciano.
Dulce começou a chorar e Luciano, dando-se conta do que tinha falado, tentou arrumar:
– Não chore, Dulce! Falei besteira. Eles não farão nada com ele. Anderson não tem antecedentes.
Mesmo assim, Dulce não ficou convencida e as lágrimas lhe eram abundantes. Luciano tentou acalmá-la e a abraçou carinhosamente. O corpo dela junto ao seu lhe fez estremecer; sentindo o seu perfume, sentiu-se inebriado pelo momento. Cortando a emoção, Waldemar disse:
– É melhor irmos embora, já está tarde. Amanhã será um longo dia.
Luciano concordou e despediram-se de Dulce, prometendo que voltariam no dia seguinte, para buscar soluções para o problema. No trajeto de volta, Waldemar comentou:
– Acho que vou investigar o sumiço desse dinheiro. Estou pensando seriamente nisso.
– Como fará? – perguntou Luciano.
– Vou mais cedo ao trabalho e vou vasculhar o escritório do senhor Fausto.
– Cuidado, Waldemar! O seu patrão pode mandá-lo embora achando que é um ladrão.

— Terei cuidado. Eu quero examinar melhor os livros-caixa e ter nas mãos o balancete. Deve ter escapado alguma coisa que não percebemos. Vou observar melhor os empregados da empresa. Alguém deve saber de algo ou viu alguma coisa. Deseje-me sorte.

— Sim, claro! Deixe-me a par de tudo. Tiraremos o nosso amigo dessa.

Waldemar balançou a cabeça concordando com ele. Em silêncio, fizeram o percurso de volta. O jovem amigo estava decidido a investigar o desfalque na empresa.

Renata, inconformada com o que ouviu dos amigos, foi ao encontro do pai, que ainda se encontrava na sala, pensativo. Diante dele foi taxativa:

— Por que mandou prender o Anderson? Por que fez isso? O que ganhará fazendo isso?

— Justiça! Apenas isso! Ele é um ladrão e pagará por isso.

— O senhor está enganado. Tenho certeza disso. Anderson não lhe roubaria.

— Quantas vezes temos de discutir sobre esse mesmo assunto? Estou farto! — redarguiu.

— Mas, papai! Tente relevar. Poderá condenar um inocente.

— Se é inocente, a justiça provará. Cabe a ela agora. Eu vou para o meu quarto. Este assunto está encerrado.

— Por favor! Retire a queixa. Deixe Anderson livre.

— Chega! — gritou. — Não ouviu o que eu disse? O assunto está encerrado!

A jovem assustou-se; nunca o pai lhe falara nesse tom tão áspero e jamais tinha sido tão grosseiro. Achou melhor silenciar, o pai estava muito irritado e não era bom para a sua saúde. O senhor Fausto subiu as escadas rumo ao seu quarto. Adelaide ouviu os gritos do marido. Preocupada, foi ao encontro da filha.

— O que houve? Por que discutiram dessa maneira? Dava para ouvir os gritos do seu pai lá da cozinha.

— Ele mandou um antigo funcionário para a cadeia e ele pode ser inocente.

— O que você tem a ver com os negócios do seu pai? Se o rapaz foi preso, porque está merecendo.

— Ora, mamãe! Anderson vinha sempre visitar o papai. Eu o via nessa casa desde que era adolescente. A senhora o conhece.

A senhora Fausto pensou um pouco e respondeu:

— Não me lembro desse rapaz. Se ele roubou o seu pai, teve o que merece.

— Não adianta discutir com a senhora. Eu sei que Anderson é inocente. Papai vai ter de tirá-lo da cadeia.

Ela despediu-se da mãe e, muito contrariada, foi para o seu quarto. Queria ajudar o amado, mas os seus pais não a ouviam. Acomodada, pensava em uma solução para o problema. Tinha algumas economias na poupança e decidiu fazer uma retirada para pagar um advogado e assim ajudá-lo. O tilintar do telefone quebrou o fio dos seus pensamentos. Era a sua amiga Christine, que queria contar sobre a data do casamento. No auge do diálogo, Renata comentou:

— Anderson foi preso. Papai o denunciou como responsável pelo desfalque na empresa.

— Coitado dele. Mas se ele é o culpado, tem de pagar — respondeu friamente.

— Christine! Você acredita que ele é mesmo um ladrão? — perguntou, irritadíssima.

— Anderson é pobre e quis ficar rico do jeito mais fácil — explicou.

Renata ouvindo isso não podia acreditar em seu comentário maldoso. Silenciou. Christine achou melhor mudar de assunto e comentou novamente sobre os preparativos do casamento. Ela ouviu pacientemente seus comentários; depois, alegando cansaço, despediu-se desligando o telefone.

A bela jovem refletia nas palavras que ouviu de Christine. Amou Anderson desde o primeiro momento em que o viu em sua casa. Ele era *office-boy* e trazia os documentos para o seu pai assinar. Lembrou-se do seu sofrimento quando soube do namoro dele com a amiga; sabia que ela não o amava, tratava-o com menosprezo; sempre gostou de dinheiro e conforto. Fábio era o par ideal, concluiu. Tentava dormir, mas não conseguia. Resolveu levantar-se e sair.

Na cozinha, encontrando a empregada, a jovem questionou:

— Ainda acordada, Cida! Já está muito tarde.

— Eu vim ver se estava tudo certo aqui na cozinha e se a casa está trancada.

Nesse instante, Renata ouviu um barulho de carro e perguntou curiosa:

— Quem está saindo a está hora?

— Acho que é seu pai — respondeu, um pouco sem jeito.

— Meu pai? Estranho! Ele estava tão cansado.

A funcionária do lar silenciou e Renata, não se importando com o fato, tomou o seu leite tranquilamente. Depois subiu as escadas e resolveu ir para o quarto dos pais. Queria satisfazer a sua curiosidade. Deu algumas batidas leves na porta e, percebendo que estava entreaberta, abriu sem fazer barulho. Notou que era o seu pai quem dormia. Foi para a garagem e se certificou que o carro da sua mãe não se encontrava. Achou tudo muito estranho. Por que sua mãe sairia àquela hora e sozinha? Retornou para o seu quarto. Perguntaria a ela depois.

Christine também refletia sobre o diálogo que teve com a amiga. Com a prisão de Anderson, tinha certeza que fizera a escolha certa. Arrependeu-se de tê-lo namorado, apesar de ter sido por pouco tempo. Tinha percebido a atração que existia entre ele e Renata e por isso fez questão de conquistá-lo. Concluiu que nunca o amou, apenas ficou encantada com a sua beleza e o sabor da vitória. Acomodou-se na cama e dormiu.

Uma hora depois, Renata continuava acordada e ouviu e um barulho de carro novamente, certamente era a sua mãe que chegava. Iria conversar com ela, mas preferiu deixar para o dia seguinte. A noite tinha sido difícil e não queria mais discussões.

Adelaide entrou em casa tentando não fazer barulho para não atrair a curiosidade dos familiares, dirigiu-se para o quarto e arrumou-se rapidamente para dormir. Todo o movimento acabou acordando o marido que questionou:

– Ainda acordada?

– Eu estava na sala lendo revista, querido! Estava sem sono. Durma! – respondeu Adelaide, virando-se para o lado e ignorando o marido.

O senhor Fausto fez o mesmo e dormiu. Precisava ir ao escritório mais cedo do que de costume.

Capítulo 22

A Desconfiança de Fausto

Waldemar levantou mais cedo do que era habituado, arrumou-se e saiu sem fazer o seu desjejum; apesar da insistência da sua mãe, queria ser o primeiro a chegar na empresa.

O senhor Fausto também se levantou cedo, não queria ver a filha naquele momento para evitar outra discussão, mas ao acordar percebeu que a esposa não estava, já tinha se levantado. Ele estranhou, porém arrumou-se para ir ao trabalho e tomar o seu café. Calmamente, Pedro Fausto descia as escadas quando ouviu conversas na sala de estar, parecia-lhe uma discussão. Aproximou-se sem ser notado e sem fazer barulho, para ouvir melhor. Era a esposa e a filha que conversavam em um tom mais alto do que de costume. A esposa falou:

– Desde quando eu lhe devo satisfação, Renata?

– Mamãe! Eu quero apenas saber onde a senhora foi ontem à noite? A senhora está a uma hora falando e não me disse nada ainda.

– Eu já lhe disse que fui dar uma volta de carro pela cidade. Sentia-me entediada aqui em casa, preferi sair e acabei indo a uma banca de revistas. Não sei por que você insiste em me contrariar.

– Não é isso, mamãe! Mas achei estranha a sua atitude, nunca sai dirigindo, sempre vai com o motorista. Agora sai no meio da noite sozinha. Eu me preocupo com a senhora, é perigoso. Poderia ter sido assaltada.

– Com tantos guardas nas ruas. É melhor encerrar esse assunto. Estou com dor de cabeça e essa discussão pode acordar seu pai.

Renata silenciou, sua mãe tinha razão; o seu pai poderia acordar e não gostaria de saber da saída da mãe à noite. O senhor Fausto, ouvindo o diálogo, estremeceu; por que a esposa sairia tarde da noite, sozinha e sem avisá-lo? Essas indagações perturbaram-no. Queria ir lá e pedir-lhe explicações, mas tentando esconder a desconfiança preferiu voltar alguns passos e fazer barulho, para alertá-las de que estava chegando.

Elas se acomodaram quando ouviram os seus passos. Reunidos, ele perguntou:
— O que fazem as duas aqui tão cedo? O que houve, caíram da cama?
— Ora, papai! — exclamou Renata, tentando disfarçar sua preocupação. — Eu preciso ir mais cedo à faculdade. Quero terminar um trabalho e não virei para almoçar. Ficarei na biblioteca.
— E você, Adelaide? Por que acordou tão cedo?
— Não passei bem a noite e levantei com uma baita dor de cabeça. Achei melhor tomar um copo de leite e encontrei a nossa filha também acordada.
— Bem! Podemos tomar café todos juntos mais tranquilos, sem pressa — argumentou.
Elas concordaram e reuniram-se à mesa, porém havia um silêncio perturbador presente entre eles. Renata, quebrando a quietude, pediu ao pai para levá-la à universidade. Ao saírem, o senhor Fausto avisou a esposa que não viria almoçar.
No carro, Renata aproveitou para insistir na defesa de Anderson, porém toda a sua argumentação só o irritou ainda mais. Seu pai não iria retirar a queixa. Poucos minutos depois, eles estavam em frente à universidade. Ela despediu-se dele e esperou algum tempo até que, sentindo-se segura, chamou por um táxi e partiu, deixando o grande prédio para trás.
Jacinto, logo que acordou, arrumou-se e tomou o seu café rapidamente. Queria pegar a primeira condução que o levaria à casa do amigo. Porém, logo que chegou ao seu destino, foi avisado pelos vizinhos que Anderson tinha sido preso. Preocupado, colheu informações sobre os parentes mais próximos do jovem amigo; com o endereço em mãos, rumou ao encontro de Dulce, queria informações mais detalhadas do problema.
Waldemar foi o primeiro a chegar à fábrica, como pretendia. Procurou cautelosamente nos arquivos da empresa os livros-caixa que lhe interessavam. Estranhamente não os encontrou. Cuidadosamente, vasculhou algumas gavetas, sem sucesso. Precisava achar os livros certos e o balancete para analisá-los e tentar achar alguma pista que ajudasse o amigo. Ouviu passos denunciando que os empregados estavam chegando e, para não levantar qualquer suspeita sobre ele, retornou à sua mesa rapidamente e começou a trabalhar, ansioso por uma nova oportunidade para achar o que procurava. O senhor Fausto estava entre eles,

cumprimentou-o e foi para o escritório trancando-se, sem se importar com o vaivém dos funcionários.

Renata chegou à casa de Luciano, conversaram algum tempo e saíram juntos. Esperaram em frente ao banco até que abrisse ao expediente. A bela jovem retirou o dinheiro que lhe era necessário, saíram novamente e foram para o escritório de um advogado que ela conhecia. Conversaram com ele por uma hora. O profissional se comprometeu a estudar o caso de Anderson e o visitaria na cadeia. Satisfeitos e confiantes, saíram do escritório e combinaram de se reunir à noite com os outros amigos. Luciano deixou a amiga de volta na universidade e resolveu ir ao casarão, queria contar as novidades a Dulce.

No escritório, Pedro Fausto analisava o diálogo que ouviu em casa. Por que a esposa mentiria para ele? Intrigado, decidiu ir à sua casa, apesar de ter avisado que não iria almoçar. Queria respostas às suas dúvidas. No entanto, antes de sair chamou por Waldemar; necessitava dar-lhe algumas instruções. Conversando com o funcionário no escritório vasculhou algumas gavetas, e pegando um molho de chaves do seu bolso, escolheu uma chave e abriu uma gaveta em especial do seu arquivo, onde guardava alguns papéis importantes. Waldemar pôde constatar que alguns livros que gostaria de analisar estavam lá; sem levantar suspeitas, ouviu calmamente as instruções do patrão.

Tão logo se vendo livre dos seus compromissos, o senhor Fausto foi para casa. Enquanto isso, Waldemar maquinava um jeito de conseguir examinar os livros que estavam trancados a sete chaves. Mil ideias passavam por sua mente, infelizmente nenhuma era coerente para ajudá-lo. Tentaria falar com Luciano na hora do almoço. Talvez ele desse alguma sugestão.

O senhor Fausto, dirigindo o seu carro, pensava na possibilidade de a esposa não se encontrar em casa. Isso o afligia, não sabia se ainda a amava, entretanto a ideia de estar sendo traído o deixava aterrorizado. O caminho de volta tornou-se mais longo do que o de costume. Depois de quilômetros percorridos e de muita impaciência, finalmente chegou. A primeira coisa que fez foi perguntar para a empregada sobre a esposa. Quando soube que Adelaide estava no quarto descansado, sentiu-se aliviado e foi ao seu encontro. Ao vê-lo diante dela, perguntou:

– Já tão cedo em casa. Aconteceu alguma coisa, Pedro?

– Não, Adelaide! Apenas quis vir mais cedo para almoçar. Estou com muita fome. E você, por que está deitada?

– Estou com uma dor de cabeça terrível. Marquei até uma consulta à tarde.

— Se quiser, vou com você, Adelaide.
— Não precisa, Pedro! O motorista pode me levar, é apenas uma consulta de rotina, para que se preocupar. Não há necessidade de largar o trabalho para me levar.
— Mas eu insisto! E você esqueceu que dei folga ao motorista hoje. Ele está com a mãe doente.
— Tinha me esquecido, mas se faz tanta questão de me levar, vamos! — respondeu, sem demonstrar nenhum entusiasmo.

O senhor Fausto calou-se, não se sentia bem duvidando da integridade moral da esposa. Ela poderia estar dizendo a verdade, e ficar o dia todo em casa era maçante, pensou.

Adelaide, percebendo-o tão quieto, perguntou:
— O que está pensando, Pedro? Ficou tão calado de repente.
— Não é nada. Será que o almoço já está pronto?
— Eu vou ver — Adelaide fez gesto para se levantar, mas o senhor Fausto interviu:
— Não precisa se levantar. Deixe que eu mesmo mando servir e, se quiser, mando trazer o almoço aqui para você.
— Obrigada, Pedro! Mas não estou com fome. Mande trazer um chá para mim, isso me ajudará aliviar a dor.
— Está bem! — respondeu, compreensivo.

O senhor Fausto sentia-se agora bem mais aliviado, falou com a empregada para que preparasse o chá para a esposa, enquanto ele almoçava tranquilo. Depois que terminou, foi novamente para o quarto falar com a esposa. Diante dela, indagou preocupado:
— Está melhor agora, Adelaide?
— Sim, o chá me fez bem.
— A que horas é a sua consulta?
— Eu marquei às 3 horas.
— Eu não vou voltar para a empresa, é melhor ficar aqui. Tenho alguns papéis para analisar; ficarei no escritório, qualquer coisa que precise mande a Cida me chamar.

Adelaide fez um sinal com a cabeça; entendendo a preocupação do marido, virou-se para o lado na intenção de descansar. O senhor Fausto foi para o escritório, mandou que a empregada lhe trouxe um café e trancou-se.

Anderson levantou-se e estava sujo, faminto, sentindo frio e dores pelo corpo também; queria tomar um banho e saciar a fome. Começou a chamar pelo carcereiro, que veio atendê-lo.
— Estou com fome e queria ir ao banheiro, tomar um banho também.

— Está pensando que aqui temos serviço de quarto? Fique feliz por estar apenas sentindo fome e frio, esse seu ombro logo sara. Estou louco para saber o que você fez com o dinheiro do doutor.

— Eu não roubei nada! Sou inocente — respondeu, muito nervoso.

— É o que todos dizem. É melhor ficar quietinho no seu canto — disse o carcereiro em um tom ameaçador.

Anderson deu um passo para trás e calou-se, nada poderia ajudá-lo. Seu destino estava selado, concluiu. O carcereiro saiu gargalhando e o jovem, aterrorizado e cansado, escondeu-se no canto.

Dulce sentia-se mais confiante, conversou com Luciano que lhe contou sobre o advogado que Renata contratou. Procurou arrumar tudo o mais rápido possível no casarão para fazer uma visita a dona Ita e à noite reunir-se com os amigos para avaliar a situação. Quando estava pronta para sair, foi surpreendida com a visita de um senhor de aparente idade, simpático, mas que lhe parecia muito preocupado. Era Jacinto, que se apresentou. A jovem convidou-o para entrar e, acomodados no sofá da grande sala, ele se explicou:

— Sou amigo de Anderson. Ele ia sempre me visitar, mas há tempo não aparece e arrumei um emprego para ele na empreiteira onde eu trabalho. Hoje consegui uma folga, falei com a vizinha dele e ela me deu esse endereço, disse também que ele está em apuros.

— Bem, senhor! — exclamou. — Creio que o senhor não chegou em boa hora. Anderson foi preso injustamente.

— A vizinha dele me contou. Por isso estou aqui. Foi o patrão dele que deu a queixa?

— Sim, senhor Jacinto! Como sabe da história?

— Anderson me contou tudo. Passávamos horas conversando. Você sabe em qual delegacia ele está?

— Sim, mas será perigoso para o senhor ir visitá-lo.

— Estou velho. O que farão comigo? Não represento ameaça. Eu preciso vê-lo e saber como está.

— Uma amiga nossa está pagando os honorários do advogado para resolver esse caso. Estamos contando com isso.

— Isso é uma boa notícia. Afirmou, sorridente.

Jacinto e Dulce estavam esperançosos. Conversaram por mais algum tempo, enquanto ela lhe mostrava o casarão. Na saída, ele prometeu que traria mais notícias de Anderson.

O advogado foi à delegacia, queria ver o cliente; sabendo da visita de antemão, o carcereiro levou o prisioneiro para tomar banho e lhe deu roupas limpas, que o próprio advogado trouxera. Depois de banhado e alimentado, Anderson foi levado à sua presença. Apesar das dores pelo corpo que sentia, nada comentou. Seu rosto aparentava sofrimento e cansaço. Para as dores tinham lhe dado analgésicos. Trinta minutos depois da entrevista, o jovem foi levado novamente para a cela. O carcereiro lhe falou:

– Como se comportou direitinho diante do advogado, vamos deixar você em paz por hoje. Eu trarei a janta e um cobertor.

Anderson nada respondeu e permaneceu em um canto da cela, não entendia por que Renata pagou os honorários do advogado, mas ficou feliz em saber que o estavam ajudando. O delegado, vendo-se sozinho com o carcereiro, comentou curioso:

– Não achou estranho que a filha da vítima tenha pagado os honorários do advogado?

– Sim! Muito estranho. Será que o doutor não armou uma cilada para o rapaz?

– Pode ser! Você deu um "aperto" no preso?

– Sim, mas jurou que é inocente.

O delegado silenciou e, aproveitando-se disso, o carcereiro retirou-se, deixando seu superior pensativo. Ele estava intrigado com aquela situação; por que a filha da vítima estaria pagando um advogado, quem estaria dizendo a verdade? Não seria apenas um namoro de uma moça rica com um jovem pobre, que o pai queria separar? O senhor Fausto teria coragem de colocar um inocente na cadeia, apenas para separar um "namorico"? – indagações vinham à sua mente, que foram interrompidas bruscamente com uma ocorrência policial.

Dulce foi visitar dona Ita, que estava melhorando gradativamente. Porém nesse dia não pôde conversar com ela, pois estava dormindo, mesmo assim, permaneceu ao seu lado no leito até o término da visita. Depois retornou ao casarão, sentia-se ansiosa para anoitecer e assim rever o amigo Luciano; estava apaixonando-se por ele, e tinha medo desse sentimento, muito medo.

O senhor Fausto passou um bom tempo trancado no escritório e, percebendo o tardio das horas, resolveu ir ver a esposa. Subiu as escadas devagar, não queria fazer barulho, talvez estivesse dormindo. Aproximando-se da porta do seu quarto, ele ouviu vozes, quase sussurros. Com quem Adelaide estaria conversando? E por que tão baixo? – pensou. Achou melhor recuar e voltar para a sala, lá tinha uma extensão da linha. Tomou o cuidado de pegar o telefone e não fazer barulho. Ouviu pouco, encontrariam-se no dia seguinte, no lugar de sempre. Cuidadosamente ele desligou o telefone, e antes que soubesse que ele saíra, retornou ao escritório. Tremia de ódio, sua vontade era de ir ao quarto da esposa e matá-la. Como desconfiava, Adelaide o estava traindo, mas com quem? Nervoso, esmurrou a mesa e chutou a cadeira com toda a força.

A empregada, ouvindo o barulho no escritório, bateu na porta, assustada. O senhor Fausto respondeu sem abrir a porta:

– Não é nada, Cida! Apenas escorreguei e acabei derrubando a cadeira. Pode ir – gritou, visivelmente nervoso.

Vendo-se sozinho, pensou: "Tenho de agir friamente. Adelaide não pode perceber que desconfio dela. Vou levá-la ao médico e estudar-lhe as atitudes. Ela vai me pagar! Essa traidora!" Tenso, deixou o que estava fazendo e andava de um lado a outro, mal conseguia controlar a raiva e o despeito.

No horário estabelecido, a empregada bateu novamente na porta; a esposa o estava chamando para juntos irem ao consultório médico. O senhor Fausto fez um esforço sobre-humano para esconder o que sentia naquele momento, e foi atendê-la. Logo depois, o casal se dirigia rumo ao centro da cidade. Adelaide, estranhando a quietude do marido em todo o trajeto, indagou:

– Está tão calado, Pedro! Arrependeu-se de largar o trabalho na empresa para me levar ao médico?

Ele, esforçando-se em dar um sorriso, respondeu:

– Não, o serviço no escritório me cansou um pouco, apenas isso. Como se sente?

– Bem melhor! A dor de cabeça está passando. Acho que amanhã vou ao cabeleireiro e depois vou tomar chá com algumas amigas.

O senhor Fausto, ouvindo as explicações da esposa, mal conseguia se conter. Porém, agindo friamente, argumentou:

– Um passeio lhe fará bem!

Adelaide sorriu e ele silenciou. Alguns quilômetros depois estavam no consultório médico. Duas horas mais tarde o casal estava de volta. Novamente Pedro Fausto trancou-se no escritório e não queria ser incomodado. Renata também estava em casa, conversou com a mãe, mas não conseguia falar com o pai. Tentou várias vezes, batendo na porta do escritório, sem sucesso. Inconformada, e sem entender a atitude dele, sentou-se no sofá e assistia à televisão; não cansava de olhar para o relógio, iria se encontrar com os amigos mais tarde para falar da visita do advogado.

O senhor Fausto não conseguia acreditar no que estava lhe acontecendo, o telefonema misterioso que ouviu não saía da sua mente. Quem estaria no outro lado da linha? A voz parecia de um jovem, será que o conhecia? Será que todos à sua volta sabiam da traição da esposa? Essas indagações o deixavam mais irritado. Olhando para a janela, percebeu que escureceu. Achou melhor sair do escritório e, sem avisar a família, pegou o carro e saiu, sem destino. Nervoso, não conseguia raciocinar. Depois de muito percorrer pela rodovia, resolveu ir a uma lanchonete; há tempo não fazia isso. Sentou-se à mesa, pediu refrigerante e algo para comer. Queria naquele momento ficar longe da sua casa e da sua esposa.

  Alguns amigos, vendo-o desacompanhado, se juntaram a ele. Apesar da insistência de alguns deles para que tomasse bebida alcoólica, recusou terminantemente, pois não fazia uso delas. Permaneceu com eles, sem se dar conta do que falavam; sentia-se distante, pensativo. Percebendo o tardio da hora, despediu-se deles e retornou ao lar.

Capítulo 23

A Doença de Anderson

No horário marcado, os jovens reuniram-se na casa de Waldemar. Ele comentou com os amigos sobre a chave do arquivo e a intenção de apossar-se dela para abrir a gaveta e examinar o livro-caixa. Eles deram algumas sugestões que acabaram sendo descartadas, por serem inviáveis. A discussão teve de ser interrompida com a chegada de Renata, que foi logo dizendo:

– Estive com o advogado hoje à tarde e ele me disse que conversou com Anderson; pareceu estar bem, apesar de um pouco abatido, o que é normal devido às circunstâncias.

– Meu Deus! Coitado do Anderson. Deve estar sofrendo muito na cadeia! – exclamou Dulce.

– Acredito que sim!, afirmou Renata. – O advogado acredita na inocência dele, e fará tudo para tirá-lo de lá. Mas o meu pai apresentou provas que o incriminam.

– Estamos sem saída – comentou Luciano, preocupado.

– Calma! Não podemos desanimar – retrucou Waldemar.

Os jovens continuaram conversando por mais uma hora, procurando estratégias para ajudar na defesa do amigo.

Na cadeia, Anderson começou a passar mal, sentia fortes dores no peito, na cabeça e tossia muito. O prisioneiro gritou várias vezes pelo carcereiro, que graças à insistência foi vê-lo. Comentou o que estava sentindo, e ele sem dar importância ao fato, saiu debochando dele. No entanto, foi falar com o delegado, e em virtude da visita do advogado, que seria no dia seguinte, ele mandou que lhe desse alguns analgésicos para dor. Anderson tomou os medicamentos e logo os sintomas melhoraram e, sentindo-se um pouco melhor, adormeceu.

O senhor Fausto foi ao quarto e encontrou a esposa dormindo. Olhou atentamente para ela e notou que era ainda muito bonita. Estava muito apaixonado quando se casou, apesar de ter dúvidas quanto aos sentimentos dela, mas acreditava que o seu amor era o suficiente para os dois. No entanto, com o passar dos anos, a sua paixão foi diminuindo gradativamente, mas, mesmo assim, foi sempre fiel. Apesar de saber que já não a amava mais, o nascimento da sua filha Renata era a melhor coisa que tinha lhe acontecido no casamento, e isso compensava qualquer sofrimento, pensou.

Vendo-a adormecida, parecia-lhe tão inocente e indefesa, mas precisava saber realmente se as suas suspeitas tinham fundamento. Naquele instante resolveu ele mesmo descobrir a verdade, não iria contratar um detetive particular. Queria ver a traição da esposa, se estivesse acontecendo. Depois de um banho e de colocar um pijama, deitou-se. Fez um grande esforço para desviar seus pensamentos e tentar dormir.

Renata chegou à casa, subiu as escadas silenciosamente e deitou-se em sua cama. Mentalmente revivia todo o diálogo que teve com os amigos; não quis comentar nada com eles, mas estava desanimada com relação à situação do seu amado. O advogado poderia não inocentá-lo e todo o trabalho deles iria por água abaixo. Sentia-se cansada, tivera um dia agitado e logo que fechou os olhos, adormeceu.

Luciano deixou Dulce no portão do casarão, conversaram por alguns minutos dentro do carro e despediram-se. No trajeto de volta, os pensamentos do jovem eram todos voltados para a jovem; sabia que estava apaixonado por ela, seu coração batia mais forte quando a abraçava. Tivera algumas namoradas, mas os sentimentos que nutria por Dulce eram diferentes. Não via a hora de estar junto a ela. Achava que o que sentia era realmente amor, concluiu. Entretido em seus pensamentos, não notou que já estava diante da sua residência. Conversou alguns minutos com o seu pai, que era viúvo. Desde que a sua mãe desencarnou, viviam na casa apenas os dois homens. Tinha muito trabalho na oficina pela manhã, despediu-se dele e foi deitar-se.

Em casa, Waldemar pensava em uma maneira de apossar-se da chave do arquivo; junto com o amigo não teve nenhuma ideia que pudesse ajudá-lo. Era uma empreitada muito arriscada e poderia perder o emprego se fosse pego abrindo os arquivos. Mas era preciso ajudar Anderson, foi ele quem lhe apresentou para o senhor Fausto e arrumou-lhe o emprego na empresa. Estava há tempos desempregado e passava necessidade, ele e a sua mãe. O emprego foi de grande ajuda. Olhou para o relógio, era muito tarde, pensaria em algo no escritório; com calma e sem precipitação acharia uma saída para o problema.

Dona Carolina mostrava alguns modelos de vestidos de noiva para a filha. Christine olhava as revistas detalhadamente e com muito interesse, queria que o seu vestido fosse o mais bonito e o seu casamento, o acontecimento do ano. Mas foram surpreendidas com a chegada de Júlio, que estava totalmente embriagado. Ela chamou-lhe a atenção, Júlio zombou delas e discutiram. O jovem foi para o quarto gargalhando, o pequeno incidente aborreceu as duas mulheres que resolveram deixar para o dia seguinte a escolha do vestido.

Júlio, deitado em seu quarto e apesar da embriaguez, tinha ainda um fio de consciência. Jogou-se em sua cama e, olhando para o teto, pensou: "Como vou matá-lo? Não sou assassino. Gosto de dinheiro, mas matar por ele, é demais. Vou dizer que faço o serviço, pego a grana e fujo para bem longe". Com os olhos entreabertos ainda, não sentiu adormecer, com muita dificuldade conseguiu desprender-se do corpo físico e saiu. Encontrou com espíritos desencarnados que vibravam na mesma sintonia. Faziam barulho e algazarra por onde passavam, porém, Júlio perispiritualmente encontrou com espíritos inimigos que lhe cobravam dívidas retrógradas.

No passado, roubou, traiu e alguns ele deixou na miséria. Percebendo a aproximação do grupo rival, os que lhe acompanhavam, debandaram amedrontados. O jovem encarnado fez o mesmo e refugiou-se no corpo físico. Acordou imediatamente, suando e sentindo dores no corpo e na cabeça; olhou para o relógio, era madrugada ainda. Achou que o que sentia era em virtude da bebedeira. Preferiu tomar um banho frio para dissipar o resto da embriaguez, sentia a boca amarga como fel; depois do banho foi para a cozinha, tomou uma xícara de café e voltou para o quarto. Tentou dormir, porém cada vez que fechava os olhos, sentia que não estava sozinho, olhos ameaçadores o espreitavam. Agonizado, viu o dia amanhecer.

O senhor Fausto foi logo cedo para a empresa, deixando a esposa e a filha dormindo. Seus pensamentos eram conflitantes, precisava saber a verdade. Pensava em contratar um detetive para seguir a esposa, mas seria terrível ver um estranho vasculhar a vida da sua família. Descartou essa possibilidade. Deveria ele mesmo seguir a esposa, decidiu.

Waldemar também chegou cedo, antes do expediente normal de trabalho. O seu chefe, vendo-o no escritório, não estranhou o fato e logo o chamou para delegar as tarefas. Mais uma vez o funcionário pôde verificar os arquivos onde senhor Fausto guardava os livros-caixa, mas era impossível examiná-los sem a autorização do seu patrão, pois ele os mantinha muito bem trancados e certamente, sabendo da amizade dos dois, não deixaria vê-los. A cada dia parecia mais distante e difícil ajudar o amigo. Ele percebeu também que o senhor Fausto estava muito nervoso naquela manhã, constantemente olhava para o relógio e acabou saindo bem antes do almoço, o que não era habitual fazer.

Sozinho, o jovem aproveitou para dar uma olhada na mesa do seu patrão para certificar se ele não deixara o molho de chaves que abriria o tão desejado arquivo. No entanto, seu chefe era cuidadoso e nada parecia estar fora do lugar. Conseguir abrir o arquivo parecia uma missão impossível. Frustrado, retornou aos seus afazeres.

O senhor Fausto, ao sair da empresa, ligou para a sua casa dizendo que iria para um almoço de negócios. Todavia, ele almoçou em um restaurante próximo à sua empresa.

Dona Ita recebeu a visita de Dulce e perguntou pelo filho amado, e a jovem justificou sua ausência dizendo que ele estaria trabalhando naquela hora e por isso não poderia visitá-la. Esperaria ela retornar ao casarão e assim poderia vê-la. A bondosa senhora reclamou um pouco, mas acabou compreendendo. Dulce permaneceu com ela até o fim do horário de visitas.

Pedro Fausto não retornou para a empresa depois que almoçou, foi em direção à sua casa, porém não entrou, ficou estacionado nas proximidades. Queria saber se a esposa sairia, pois tinha avisado que não almoçaria em casa. Uma hora depois de angustiante espera avistou o carro da esposa que saía, seu motorista conduzia o veículo. De uma distância segura a seguia cautelosamente, seu coração batia descompassado, o medo tomava-lhe conta.

O carro de Adelaide parou em frente ao salão do cabeleireiro. Pedro Fausto estacionou o carro estrategicamente e, impaciente, esperou por duas horas até que avistou a esposa sair do estabelecimento. Novamente ele a seguiu, ela entrou no supermercado; depois de demorada espera, saiu. A esposa e o motorista sem, perceberem que estavam sendo seguidos, retornaram à mansão. Ao verificar o fato, Pedro Fausto sentiu-se aliviado, mais uma vez pensou que estaria julgando a esposa erroneamente. Esperou ainda no mesmo lugar por mais algumas horas e, percebendo que ela não sairia, resolveu retornar à empresa.

Capítulo 24

A Revelação de
um Passado Cruel

Na cadeia Anderson piorava a cada dia; sentia-se febril, e as dores pelo corpo não cessavam; o advogado não veio visitá-lo, e o delegado resolveu chamar o médico para examinar o preso, seria complicado explicar a morte dele na prisão. O médico constatou que ele estava muito mal e medicou-o ali mesmo, aplicando-lhe algumas injeções, mas era preciso levá-lo para o hospital e fazer alguns exames. O delegado recusou terminantemente, era preciso curar o preso ali mesmo na cela.

Dona Ita, ao dormir, fazia constante visitas a Anderson na prisão. Ao acordar de nada se recordava, sentia-se aflita e temerosa com relação ao jovem, mas também, ao mesmo tempo, sentia-se esperançosa de que tudo daria certo e o filho do coração venceria as barreiras. Todos escondiam a atual situação de Anderson, entretanto, dona Ita sabia que algo errado estava acontecendo. Questionava a todo momento a visita do filho, e a resposta era sempre a mesma: ele estaria trabalhando em outra cidade e não poderia vê-la tão cedo. Nesse dia, Dulce precisou atrasar-se para a visita, uma das crianças havia se machucado, e foi preciso levá-la ao hospital mais próximo para curativos. No horário de visitas, dona Ita teve uma surpresa: a vizinha de Anderson veio vê-la. Entre uma conversa e outra, dona Ita aproveitou para perguntar:

– E Anderson como está?

– Anderson? A senhora não sabe? Ele foi preso. A polícia o levou já faz quase um mês.

Dona Ita estremeceu; esse era o motivo de Dulce esconder-lhe a verdade, por isso ele não a visitava há todo esse tempo. No mesmo instante, ela começou a sentir-se mal e a mulher, dando-se conta do comentário inútil que fez, chamou imediatamente a enfermeira e saiu às pressas. Sentiu medo de ser recriminada.

A pressão arterial da enferma elevou-se rapidamente, o doutor Honório a medicou rapidamente e a transferiu para o setor da UTI, era preciso agir com urgência. Nos exames preliminares foi constatado que ela teve um acidente vascular cerebral. O médico resolveu, ele mesmo, telefonar para Dulce e informá-la dos acontecimentos recentes.

Dulce imediatamente dirigiu-se ao hospital, sua expectativa era grande, não sabia o que poderia encontrar; no ônibus teve uma crise de choro, os passageiros olhavam a cena comovidos e curiosos.

Alheio aos acontecimentos externos, Anderson piorou novamente; as medicações recebidas de nada valeram, o delegado preferiu mandá-lo ao hospital público, pois a visita do advogado seria à tarde e precisava fazer alguma coisa. Ele mandou que dois investigadores o acompanhassem na consulta médica. No hospital foi constatado que Anderson tinha uma grave pneumonia, duas costelas fraturas e anemia. Era necessário interná-lo. O prisioneiro permaneceu no hospital sob forte vigilância.

Dulce foi falar com o doutor Honório, pois ele a aguardava e foi taxativo: as próximas 24 horas eram cruciais para a paciente e não poderia adiantar nada. Despedindo-se da jovem retornou para a UTI, o médico também estava preocupado com o estado de saúde de dona Ita.

Luciano foi ao casarão na esperança de encontrar Dulce, mas foi informado de que ela tinha ido às pressas para o hospital, pois dona Ita piorou consideravelmente. Imediatamente, o belo jovem foi ao encontro da amada; visivelmente nervoso, sabia que ela precisaria de sua ajuda. O trajeto para o hospital demorou mais do que o de costume, pois o trânsito estava muito lento. Finalmente Luciano chegou ao seu destino, na portaria foi informado sobre estado de saúde de dona Ita e onde encontraria a jovem.

Dulce sentia-se mais tranquila, apesar de os olhos denunciarem a tristeza que sentia. Ao vê-lo, abraçaram-se demoradamente e naquele momento não mencionaram qualquer palavra. Dulce chorava comovida. Luciano comentou:

– Dulce! Você tem de ser forte, é preciso. Não pode fraquejar agora.

Enxugando as lágrimas, a jovem respondeu:

– Não posso acreditar que dona Ita esteja morrendo. Não posso aceitar. Nós conversamos muito, e ela é a minha conselheira. Não posso suportar se ela morrer.

– Ela não vai morrer. Tem de pensar assim. Mas dona Ita estava tão bem, logo ia receber alta. O que houve?

– Não sei direito, Luciano. Mas ela passou mal logo depois de uma visita, não sei quem foi.
– Isso é fácil de averiguar, vamos à portaria. Eles devem saber. Conversaremos com alguns dos pacientes que estavam com ela, eles podem nos ajudar.

Os jovens saíram, começaram as investigações e constataram que a vizinha de Anderson viera para a visita e falara da situação dele. Luciano concluiu:

– Dona Ita descobriu que Anderson foi preso e não aguentou a notícia. A vizinha dele viu o momento da prisão e deve ter contado tudo. Eu vou procurá-la e conversar com ela, não poderia ter feito isto.

– É melhor não, Luciano! Os pacientes falaram que ela saiu às pressas daqui, quando viu dona Ita passar mal. Deve estar arrependida do que fez. Não devemos piorar as coisas.

Luciano fez um sinal afirmativo com a cabeça, entendendo a preocupação da jovem. Tinham coisas mais importantes para se preocupar. Conversar com a mulher não iria ajudar dona Ita em nada. Resolveram ir para o setor da UTI e esperar notícias.

O doutor Honório olhava atento aos aparelhos que monitoravam dona Ita; o quadro era crítico e desanimador, mas ainda lhe restava um fio de esperança. Ele chamou dois amigos seus para ajudá-lo com a paciente. Em consequência da idade, estava frágil diante dos acontecimentos que cercavam o filho adotivo. Por isso a notícia de sua prisão causou-lhe forte abalo. Dona Benedita desprendeu-se do corpo denso, pois não havia ainda desencarnado, mas precisou ser amparada pelo Mentor Espiritual. Eles iam visitar Anderson. Aquele dia seria especial.

Os dois, juntamente com alguns Amigos Espirituais, foram ao hospital onde se encontrava o preso. Ele estava preparado para saber toda a verdade. Aproximaram-se dele. O jovem ainda dormia graças às fortes medicações. Dona Ita, já refeita, carinhosamente o chamou até que ele se pôs à sua frente. Para Anderson já não era mais a escrava negra que sofreu duros castigos, nem a mãe Ita, que bondosamente o recolheu da porta do casarão, mas sim a sua mãe, com quem convivera no século XII. Ele a abraçou saudoso e chorando muito. Ela passou as mãos sobre os seus cabelos e começou a falar:

– Filho amado! Deus na sua benevolência nos concedeu esse encontro. Tenho orado muito por esse momento tão esperado e difícil. Tinha nas mãos o carvão bruto pronto para ser lapidado e ser transformado no mais lindo diamante, mas por minha própria ambição e egoísmo, você se tornou um homem perverso e sem escrúpulos.

Desde pequeno o mimava e todos tinham de fazer todas as suas vontades, mesmo que elas fossem voltadas para machucar alguém. Não me importava. Fui uma mulher cruel e sem qualquer menção de arrependimento, a perversidade era a minha lei. Os meus inimigos eu mesma os eliminava e levava você comigo para que aprendesse a derrotar aqueles que se atrevessem a cruzar o seu caminho. Ledo engano! A cobiça e a ganância, juntamente com o ódio e a inveja, eram os piores inimigos que habitavam em mim. Você sempre ao meu lado fazia tudo o que eu mandava. Quando adulto, o convenci a matar o seu pai, pois ele já não era mais útil para mim. Desobedecendo as minhas ordens, apenas o mandou para uma ilha distante, deserta, em uma fortaleza onde permaneceu trancafiado esquecido por todos, jurando vingar-se de nós.

Quando soube da sua desobediência, não me contive, enlouqueci e mandei que o castigassem com chicotadas, para que aprendesse a me obedecer. Depois ordenei que tratassem das suas feridas. Como não gostava da sua futura esposa, desconhecida do amor sincero que unia os jovens apaixonados, homens ao meu comando fizeram uma emboscada e a mataram.

Anderson, ouvindo o relato da mãe, recordava aos poucos todos os fatos; lembrando-se da sua amada, afirmou:

– Ela era o meu amor, a minha vida, a alegria dos meus dias.

– Eu sei, meu filho! Mas eu não compreendia. Havia interesses econômicos muito fortes para que a união conjugal não acontecesse. Esses dois personagens estão presentes em nossa vida atual, estão reencarnados como pai e filha. É o senhor Fausto, que era o meu marido o qual odiava e mandei matar sem piedade. Sua filha era a bela jovem, que também destruí.

Anderson chorava e, enxugando os olhos, ouvia atento a narrativa de sua mãe.

– Filho! Quanto mal lhe causei. Fiz com que se casasse com uma jovem, filha do nobre mais rico da nossa região. Você não a amava, mas aprendeu a gostar dela, mas ela retribuiu com o despeito e a traição. Fazia grandes festas no castelo na sua ausência e trocava de amantes constantemente. Sabendo de tudo, você quis pôr um basta; o carinho que sentia por ela transformou-se em ódio e desprezo. Ela, juntamente com o amante, preparou-lhe uma armadilha, mas graças à lealdade de amigos você foi avisado a tempo e o plano, desfeito. Sua esposa fugiu com o comparsa e jurou que o destruiria.

Você, por sua vez, descobriu que eu mandei matar sua amada e, irado, mandou-me para a mesma ilha em que seu pai ficou, e lá permaneci

até o fim da minha vida; percebi o erro que cometi aos meus e desencarnei clamando perdão.
Anderson, cabisbaixo e debruçado no colo de dona Ita, dizia chorando:
— Perdoe-me, mãe! Perdoe-me!
— Filho! Somos peças de um jogo que é preparado pelo mais forte. Derrubamos o inimigo, porém nós somos o próprio inimigo. Fiquei, ao desencarnar, nos vales tenebrosos de minha própria consciência e inércia; ora o desprezo e o desamor batiam à minha face, ora a vingança e ódio do qual só soube plantar me cobravam as dívidas contraídas. Ajudada por mãos bondosas, fui tratada e comecei a entender a extensão das faltas cometidas. Estudei muito e preparei-me para reencarnar novamente e reparar os meus erros cometidos, na esperança de encontrá-los: você, a jovem e o meu marido. Mas ainda não estavam preparados para me receber.
Nas minhas reencarnações provei a servidão e a escravidão, a humilhação dos mais fortes, mas o meu espírito se fortalecia a cada tempo, até que nasci como escrava na fazenda daquele que fora meu marido em outra vida passada. Lá sofria o desprezo e a submissão, ele via em mim a esposa que lhe condenou à morte, mas a filha me tratava com dignidade; seu coração bondoso soube perdoar aquela que só lhe fez maldades. Você, passando pela fazenda, me avistou, e sem ninguém compreender, quis comprar-me a todo custo. A transação acabou sendo feita e lá encontrei a esposa do seu passado e que também se fazia presente, era a Cintia.
Ela via em mim a sogra que desprezara outrora, e muitas vezes mandava que o capataz da fazenda me infligisse castigos sem piedade. Em meu desencarne orava por você em todos os momentos, era o meu filho amado, presenciei o seu sofrimento no sanatório e sofri contigo; dava-lhe conselhos, mas não me ouvia. No seu desencarne, encontramo-nos, no entanto, não queria perdoar-me, então como mãe Ita esperei pacientemente pelo seu regresso no corpo físico.
Você foi o bebê que colocaram à minha porta. Por você levantei a instituição, e, por sofrer o abandono dos pais, sabia que iria valorizar a família. Sob os meus cuidados, unimo-nos novamente para que todos os ressentimentos e o ódio deixassem de vez os nossos corações.
Dona Ita, terminando o seu relato, abraçou demoradamente o filho, terminava ali a saga de séculos de perseguições. Anderson realmente a amava e, ouvindo tudo atentamente, lembrou-se das suas experiências; sabia que ela não era culpada dos seus erros e maldades. Ele mesmo

escolhera o caminho da crueldade, e o véu do esquecimento tinha caído nesse instante. Recordou-se da esposa que o acompanhara nas encarnações passadas; era aquela que estava encarnada como Adelaide, esposa do senhor Fausto, por isso a presença dela lhe causava tanto mal nas poucas vezes que a via na casa do patrão.

A partir daquele momento não nutria qualquer ressentimento contra ela, não fora um bom marido. Mas será que ela e o senhor Fausto guardavam ainda o ódio no coração contra ele? Será que era por isso que sofria perseguição por parte do seu antigo patrão? Seriam eles culpados pelo seu sofrimento nesta reencarnação? Indagações polvilhavam o espírito de Anderson. O Mentor Espiritual que acompanhava dona Ita, ouvindo os lamentos e dúvidas dele, explicou:

– Meu irmão! Por que domina sua alma com dúvidas cruéis que só lhe trarão medo e dor? Siga o seu caminho no bem, confiando na Proteção Divina; não olhemos os erros à nossa volta, mas sim o modo de acertar. Jesus acredita em nós, porque duvidarmos então? Sejamos dignos dessa confiança. Todos serão chamados à corrigenda a seu tempo. Encha o seu coração de fé e esperança, esses são os norteadores da sua trilha rumo à felicidade. Deus olha por todos! Seja feliz, meu filho!

O Mentor Espiritual Dácio abraçou carinhosamente o encarnado, que sentindo as vibrações benéficas dos dois amigos e do lugar pôde experimentar a leveza do perdão sincero no coração. Naquele instante sentia-se pleno, realizado. As dores e o sofrimento na vida corpórea lhe pareciam nuvens escuras que a brisa suave carregava para longe. Olhou para a mãe e aos poucos ela foi se transformando aos seus olhos: a velha senhora, meiga e paciente que aprendeu a amar e respeitar.

Era preciso retornar. Os dois encarnados foram levados pelos Mentores Espirituais para os hospitais onde estavam internados. Agora seria a luta de cada um para continuar encarnados neste abençoado educandário.

Capítulo 25

As Visitas ao Enfermo

Jacinto, logo que pôde, foi visitar o amigo, como prometeu à Dulce. Ele soube por meio do delegado que Anderson encontrava-se internado. Aproveitando a situação, ele mencionou que o jovem era honesto e bom. O delegado ouviu com atenção o relato dele e aproveitou para lhe fazer algumas perguntas. Todas foram respondidas com clareza e segurança. Logo depois que terminou o interrogatório, Jacinto foi para o hospital. Lá não podia acreditar no que presenciava. Anderson emagrecera muito, sua feição se modificara e aparentava estar muito mal. Ele aproximou-se do jovem, que se encontrava algemado à cama; ao avistar Jacinto à sua frente, o prisioneiro sentiu-se envergonhado pela situação em que estava.

O bondoso senhor tentou consolá-lo e permaneceu com ele, e prometeu ao amigo que retornaria tão logo lhe fosse permitido. A presença dele ajudou Anderson, mas apenas momentaneamente, pois logo que se viu sozinho, deprimiu-se novamente.

Alheio aos acontecimentos à sua volta, Waldemar preocupava-se por não conseguir pegar a chave e examinar o livro-caixa. Na hora do almoço, recebeu a visita dos amigos Luciano e Dulce, e pelo estado emocional deles, percebeu que algo estava errado. Luciano, olhando fixamente para Waldemar, disse:

– Dona Ita está muito mal. Está internada na UTI e não sabemos se conseguirá resistir ao derrame.

– Como? Mas dona Ita estava tão bem – retrucou, atônico.

Dulce teve uma crise de choro, os dois jovens tentaram em vão consolá-la. O senhor Fausto, que ainda se encontrava na empresa, notando a cena quis saber o que ocorria, e Dulce vendo-o à sua frente foi logo dizendo:

– É tudo culpa sua. Dona Ita está morrendo por culpa sua.

Luciano tentou acalmá-la e o senhor Fausto, sem nada saber, perguntou:
— O que está dizendo? Eu sou culpado do quê? O que houve com dona Benedita?
— Ela ficou sabendo que Anderson foi preso e não aguentou a notícia, e foi vítima de um derrame cerebral. Estávamos escondendo dela a prisão dele, mas uma vizinha acabou contando. O médico está fazendo de tudo para salvá-la — explicou Luciano.
Sem nada dizer, o senhor Fausto, cabisbaixo, retornou para a sua sala. Dulce saiu com os dois amigos, mas antes parou em frente à sala dele e disse, chorosa:
— Espero que esteja feliz pela desgraça que está nos fazendo passar.
Pedro Fausto nada respondeu, continuou calado. Os jovens saíram e ele, pensativo, ainda continuou na sala, apesar de todos os funcionários já terem saído para almoçar. Depois resolveu sair e desceu as escadas rapidamente, não quis usar o elevador.
Ainda no prédio da empresa, Waldemar lembrou-se de que esqueceu o seu paletó e no bolso tinha algum dinheiro que iriam precisar. Retornou ao escritório e ao chegar percebeu que o patrão já não se encontrava na sala, e ao passar em frente a ela percebeu que algo na mesa lhe chamava a atenção: o molho de chave estava lá. Ele entrou e rapidamente abriu o arquivo e viu os livros-caixa de que precisava. Nesse instante, o senhor Fausto, dando-se conta do molho de chave, retornou para buscá-la. Ouvindo passos, Waldemar fechou o arquivo sem pegar o que queria. Para não levantar suspeitas, fez menção de procurar algo em suas gavetas. Diante do funcionário, o senhor Fausto indagou:
— O que está fazendo aqui? Vai perder o horário de almoço.
— Já estava de saída. Só vim buscar o meu dinheiro que esqueci no bolso do paletó.
O patrão nada disse, apenas balançou a cabeça. Waldemar saiu calmamente, no entanto frustrado. Seu intento era apossar-se dos livros, mas não deu certo. Encontrou com o casal que o esperava na saída do prédio da empresa.
O senhor Fausto continuou na sala, sentia-se intrigado com o que a jovem lhe dissera e a desconfiança em relação à esposa ainda lhe perturbava a alma. Ele pegou o molho de chaves para abrir o arquivo e pegar alguns documentos. Mas quando ia fazê-lo, o telefone tocou chamando-lhe a atenção, largou o que estava fazendo e atendeu. Era sua filha Renata que o chamava para o almoço e queria falar-lhe também. Deixou o que ia fazer e saiu rapidamente rumo à sua residência.

Os rapazes deixaram Dulce no casarão. Waldemar ia almoçar e voltar para o escritório. Decidiram que iriam se encontrar à noite. Luciano iria conversar com o delegado e pedir autorização para visitar Anderson e contar-lhe o que estava acontecendo com a dona Ita. Na delegacia, recebeu a autorização que precisava e foi para o hospital onde se encontrava o amigo internado.

Pedro Fausto chegou em sua casa apreensivo e muito triste; encontrou com a filha na sala de estar, e ela foi logo dizendo:

– Pai! O senhor já está sabendo que dona Ita está muito mal no hospital, talvez não aguente e faleça. Luciano me ligou e me contou.

– Eu já estou sabendo, no escritório me disseram.

– Ela soube da prisão do filho e não suportou a notícia.

– Você também me culpa? Agora todos vão me culpar! – muito nervoso berrou.

– É o senhor que está dizendo. Não estou lhe culpando de nada. Anderson é inocente e está sofrendo na cadeia, e agora dona Ita pode estar morrendo e ele não pode vê-la. Renata, alterando a voz e também nervosa, começou a chorar.

Seu pai presenciando a cena comoveu-se com os acontecimentos daquela semana, já não sabia discernir quem dizia a verdade. Cansado e sentindo-se culpado propôs:

– Eu retiro a queixa contra Anderson se você me prometer que não o verá mais, e muito menos se aproximará dele.

Renata hesitou um pouco, não esperava uma proposta dessa. Pensou alguns segundos e respondeu:

– Se é isso o que quer, eu farei!

– Ótimo! Agora mesmo vou telefonar ao delegado e amanhã cedo vou à delegacia.

Renata balançou a cabeça concordando com o pai, despediu-se dele, subiu as escadas e trancou-se no quarto. O senhor Fausto desconfiava da paixão da filha pelo rapaz, e isso era uma maneira de afastá-la definitivamente dele. Ele olhou para o relógio, era 13h30, não quis almoçar e subiu as escadas para rever a esposa, mas ela não se encontrava lá. Resolveu conversar com a empregada. Ela foi taxativa:

– A senhora Adelaide saiu faz uma hora, disse que iria ao cabeleireiro e depois fazer compras, mandou avisar o senhor.

– Ela foi com o motorista?

– Não, senhor! Ela o mandou para casa.

Pedro Fausto balançou a cabeça demonstrando entender a situação. Achou melhor sair, pegou o carro e no trajeto não se conformava com as desculpas da esposa, pois fazia dois dias que ela tinha ido ao cabeleireiro; por que ir novamente? Ela poderia estar dizendo a verdade, era vaidosa e tinha um cuidado extremo com os seus cabelos longos, pensou. Mesmo assim, resolveu investigar.

Parou a alguns metros longe do salão, olhou atentamente e não enxergou o carro da esposa no estacionamento. Esperou no carro pensando no que faria quando avistou um garoto passar por ele; chamando-o, deu-lhe algumas instruções mostrando-lhe o salão onde queria que ele fosse. Minutos depois, o menino retornou, dizendo:

– Eu fiz o que o senhor mandou. Falei que tinha uma encomenda para a senhora Adelaide. A mulher me disse que ela não veio hoje. Talvez amanhã.

Pedro Fausto agradeceu e lhe deu alguns trocados que tinha no bolso, deixando o menino alegre, contando o dinheiro que ganhou. Parado ainda no estacionamento pensava: "Onde Adelaide estaria? Como encontrá-la?". Ligou o carro e saiu intrigado com o aparente sumiço da esposa. Já a havia seguido e não notou nada de anormal. Decidiu ir ao supermercado, talvez ela estivesse fazendo compras.

Entrou no estabelecimento onde ela costumava frequentar e não a encontrou. Desanimado e muito desconfiado, dirigia o seu carro a esmo pelas avenidas da cidade sem destino certo. Como iria encontrá-la em uma cidade tão grande? Perguntar por ela para as suas amigas seria inviável. Será que a agonia que sentia não teria fim? – indagava para si. Parado no semáforo esperava impaciente o sinal abrir, quando recebeu de uma jovem vários panfletos, e um deles chamou-lhe a atenção. Era propaganda de um motel recém-inaugurado que se situava alguns minutos fora da cidade. Será que a esposa estaria nesse lugar? Essa indagação tomou conta do seu ser e lhe deixou muito temeroso. Não queria pensar dessa forma. Perispiritualmente ouviu uma voz: "Vá neste lugar. Eles estão lá. Você está sendo traído descaradamente".

Imediatamente pensou: "Vou a esse lugar e assim tiro essa desconfiança da minha cabeça. Se eu a encontrar, vou matá-la".

Um dos desencarnados que se encontrava no carro junto a ele ria escandalosamente. Há tempos seguia Pedro Fausto e o intuía quanto à desconfiança da esposa. Os amantes lhe eram inimigos, e o esposo traído seria o instrumento de sua vingança. Pegando os traidores, Pedro Fausto enfurecido os mataria, e os desencarnados estariam vingados. Esses eram os planos deles.

Totalmente transtornado e envolvido nas vibrações maléficas dos desencarnados, Fausto dirigiu-se em alta velocidade rumo ao motel. No entanto, sabendo de antemão das artimanhas dos desencarnados, o

Mentor Espiritual de Pedro Fausto e Amigos Espirituais seguiram-no na esperança que o desfecho da situação não fosse trágico.

No casarão, Dulce olhava com tristeza as coisas de dona Ita, tinha esperanças e ao mesmo tempo medo de que ela desencarnasse. Os funcionários também sentiam o mesmo. Todos silenciosamente oravam em favor da saúde da bondosa senhora.

Luciano foi visitar o amigo no hospital; ao vê-lo, levou um choque emocional que tentou disfarçar. Apesar das medicações, a saúde de Anderson era regular. O jovem aproximou-se do preso e disse:

– Sinto muito em vê-lo nesse estado. Queria que as circunstâncias fossem diferentes.

– Como o deixaram me ver? Estou sendo vigiado 24 horas, como se eu fosse um criminoso perigoso.

– Estamos fazendo de tudo para tirá-lo da cadeia.

– Não há esperanças para mim, Luciano. Vou morrer na cadeia.

– Não fale assim, Anderson.

– Nada mais me é importante. Sou um desventurado da vida, quero realmente dar um fim ao meu sofrimento. Não quero sarar, quero morrer aqui – comentou, muito depressivo.

Em consequência do estado emocional do preso, Luciano calou-se e nada disse sobre dona Ita. Quando foi questionado pelo amigo, mencionou que ela estava ainda internada e passava bem. Não queria dizer a verdade para não o deprimir ainda mais. Ficou com ele apenas 30 minutos sob os olhos atentos do policial.

Capítulo 26

A Traição

O senhor Fausto finalmente chegou às imediações do motel, olhou ao redor e percebeu que era um lugar novo, de construções recentes. Encostou o seu carro nas imediações, não conseguiria encontrar o que queria entrando no estabelecimento, sua esposa poderia não estar lá. Forçar a entrada na portaria e fazer escândalo de nada adiantaria. Os funcionários não revelariam os nomes dos hóspedes. Mas, pensou ele: "Um dos funcionários poderia informá-lo se fosse bem pago. Procuraria alguém certo".

Esperou algum tempo e um funcionário saiu da portaria para fumar. Era a chance que ele estava esperando. Sutilmente, aproximou-se do rapaz, conversou alguns minutos com ele e, passando-se por detetive e oferecendo uma gorda quantia em dinheiro, o funcionário contou-lhe o que queria e o que temia. Sua esposa estava realmente lhe traindo e estava na companhia do amante em um dos quartos do motel. O rapaz voltou para a portaria e Pedro Fausto mal conseguia se controlar.

Influenciado pelos espíritos malfeitores, o ódio tomava conta do seu ser. Pensou em entrar e bater de porta em porta até encontrar a esposa, porém, quando deu alguns passos à frente, começou a sentir-se mal, com tonturas, não conseguia permanecer em pé, acabou sentando na guia da calçada. Amigos Espirituais permaneceram junto a Pedro Fausto, os desencarnados vendo a aproximação dos benfeitores fugiram em disparada, apenas o líder do grupo permaneceu querendo enfrentá-los. Um dos Amigos Espirituais começou a dialogar com o desencarnado:

– Meu irmão! O que está fazendo? Por que tanto ódio? Não devemos semear tanta discórdia.

– O que faço não é da sua conta. E não me chame de irmão. Saia de perto de mim – gritou.

— Eu vim para ajudá-lo. Já há muito sofrimento por aqui. Por que arrumar mais tristeza?

— Quero vingança! Faz tempo que sigo aqueles dois. Hoje eles vão me pagar. Eles me traíram, roubaram-me. Sigo pessoalmente o infeliz que está lá dentro, e os outros seguem a traidora. Vão me pagar. Chegou a hora!

— Realmente, meu irmão! Chegou a hora, a sua hora de mudar. Esquecer a traição de que foi vítima e seguir comigo e ser tratado.

— Nunca! Esquecer, nunca! Não preciso de tratamento. Quero que eles sofram. Este aqui — apontou para Pedro Fausto que continuava sentado na calçada ainda cabisbaixo — vai me ajudar. Ele também é um marido traído, precisa lavar a sua honra com sangue.

— Não há honra em matar. Para que levar irmãos seus na derrocada, se como eles, você errou também? Traiu, abandonou e roubou. Lembra-se de que abandonou sua esposa e filhos pequenos por uma paixão desenfreada?

— Cale-se! Não quero ouvir! — ele gritou, já cabisbaixo.

Em sua mente veio a imagem da esposa chorosa vendo-o partir, tinha nos braços o filho menor e dois ainda segurando-lhe a saia, todos choravam. Essa lembrança fazia questão de esquecer. Por aquela mulher que se encontrava no motel, ele deixou a família, roubou e traiu amigos para conseguir moedas de ouro para a amante, porém, foi abandonado por ela; amargurado, suicidou-se, enforcando-se.

Na mente do desencarnado, mais uma vez, revivia a imagem do seu corpo carnal balançando na árvore. Desesperado quis sair, no entanto uma voz feminina e conhecida lhe chamou a atenção. Era a esposa que ele abandonou séculos atrás. Ela irradiava luz e alegria. O desencarnado, ajoelhando-se diante dela, disse em lágrimas:

— Não mereço o seu perdão! Fui um desventurou, larguei você e os meus filhos por uma vida mundana.

— Levante-se, meu irmão! Quando me abandonou, sofri a miséria e a doença tomou conta do meu lar, mas uma mão amiga ajudou-me e pude me recuperar. E de sol a sol tirava o sustento para os meus filhos. Aprendi a perdoar e a orar por você todos os dias. Há tempos venho tentando aproximar-me de você, sem resultado. Não conseguia ouvir a minha voz, entretanto Jesus ouviu as minhas preces e você está de volta. Esqueça a vingança, só lhe trará mais sofrimento. Venha comigo, a sua família o espera.

Nesse instante, o desencarnado avistou ao longe as suas crianças correndo alegres sobre a relva verde. Eram os filhos que abandonara que o chamavam, sorridentes. Para aquele momento, eles estavam como o pai os deixara. Graças ao remorso que sentia por ter abandonado a família e o ódio por ter sido traído pela amante, tinha se suicidado e perseguia o casal que lhe causou tanto dor. Agora, percebendo as crianças à sua frente, sentia-se leve. A mulher lhe estendeu as mãos, que ele segurou fortemente, caminhando rumo aos filhos, acompanhados por Amigos Espirituais responsáveis pela aproximação dessa família.

Pedro Fausto, livre das influências maléficas do desencarnado, pôde refletir melhor. O seu Mentor Espiritual lhe intuía para não mais se comprometer com a Justiça Divina. Continuando sentado, meditava: "Eu já não a amo mais há tempos. É melhor deixá-la livre. Vou esperar aqui. Hoje vou resolver tudo".

Depois do encontro com os amigos, Waldemar retornou do almoço e esperava ansioso por uma nova chance de apossar-se do livro-caixa e examiná-lo, para assim inocentar o amigo e desvendar o mistério da fraude na empresa onde trabalhava.

O tempo passando pareceu-lhe angustiante e, finalmente, o senhor Fausto reparou ao longe um carro conhecido saindo do motel, era o da esposa. Imediatamente entrou no carro e bruscamente fechou o carro dela, na saída a poucos metros de frente ao motel. Transtornado, saiu do seu carro. Os amantes diante do flagrante não sabiam o que fazer, permaneceram paralisados. Pedro Fausto, fora de si, reconhecendo o funcionário da sua empresa, abriu a porta do carro e agarrou Júlio pelo colarinho, começando a esmurrá-lo sem parar. Adelaide, desesperada, começou a gritar para que o marido parasse de machucá-lo. Dois seguranças do motel, presenciando toda a cena, foram em socorro, separando os brigões.

O senhor Fausto conseguiu se separar daquele que o segurava e partiu novamente para cima de Júlio, transferindo-lhe um forte soco que o deixou desmaiado ao chão. Ele gritou aos seguranças:

– Saiam daqui! Esta traidora é minha mulher e este traste é o amante dela. Saiam, agora acabou!

Os homens se afastaram e um deles falou:

– Calma, senhor! Não queremos nenhuma tragédia aqui.

– Não se preocupe! Nada vou fazer a esta traidora, e agora levem este traste para longe daqui.

Adelaide, sendo o pivô da cena, sentia-se envergonhada e temerosa, chorava muito e vendo o amante desmaiado ao chão com o rosto ensanguentado gritava:

– Você o matou! Você o matou!

– Cale-se! Eu devia fazer isso com os dois, mas não vou sujar as minhas mãos. Agora eu entendo a sua preocupação para arrumar o emprego para aquele traste. Como conseguiu me convencer? Como pude ser tão idiota em acreditar na história que me contou de estar ajudando a família de dona Carolina? Venha, você vem comigo!

Extremamente nervoso, pegou Adelaide pelo braço e a colocou com força em seu veículo; deu as chaves do carro da esposa para o segurança e pediu que ele o guardasse, pois mandaria seu motorista buscá-lo. Imediatamente saiu em disparada sob os olhos atentos dos seguranças do local. Eles tentaram acordar Júlio. Ao recuperar a consciência lhe perguntaram onde morava, limparam-no e o colocaram em um táxi.

Adelaide chorava muito, sentia medo. O que o marido faria com ela? Temia pela sua vida e seu futuro. No trajeto de volta, o senhor Fausto nada dizia, apenas ouvia o choro da esposa sem se comover, fazendo com que ela se sentisse ainda mais temerosa. Em casa, ele entrou segurando-a pelo braço. Renata, assustada com a cena à sua frente, perguntou:

– O que é isso, papai? Por que está segurando a mamãe desse jeito?

Revoltado, respondeu olhando para a mulher:

– Diga a ela, Adelaide! Fale para a sua filha que esposa você é.

Ela apenas chorava.

– Papai! O senhor está me assustando.

– Chame Cida aqui! Quero que ela venha aqui, agora! – gritou.

Rapidamente Renata chamou a empregada, que já estava também assustada, pois escutava os gritos do patrão. Reunidos ele perguntou:

– Cida! Diga-me a verdade. Sua patroa saía muito na minha ausência?

Ela não respondeu e continuou cabisbaixa ouvindo o choro de Adelaide.

– Fale, Cida! – berrou.

Ela, temerosa, respondeu:

– Sim, senhor! Ela saía algumas vezes na semana, sempre no mesmo horário. Ligava para uma pessoa, falava baixinho e saía.

Renata, deduzindo o que havia acontecido, olhou para a mãe e perguntou:

– O que está acontecendo? Diga, defenda-se!

Adelaide, ouvindo o apelo da filha, parou de chorar e respondeu totalmente transtornada:

– Sim! Eu saía e era feliz! Está ouvindo, Pedro? Era feliz! Porque Júlio me fazia isso. Eu o odeio! Nunca o amei. Agora você posa de marido traído, de vítima. Você que quis casar-se comigo, insistiu. O que quer agora? Minha fidelidade. Existiram outros antes dele, se quer saber.

— Cale-se, Adelaide. Você não sabe o que está dizendo — argumentou Pedro.

Renata não podia acreditar no que estava acontecendo. Sua mãe enlouquecera — concluiu. Pondo-se junto ao seu pai para que ele nada fizesse à sua mãe, escutava dela o desabafo:

— Sempre gostei de rapazes. Homens jovens. Você é um velho, Pedro. Já se olhou no espelho? — gargalhava.

Os três olhavam para ela horrorizados com a cena. Renata, tentando amenizar, aconselhou:

— Mamãe! É melhor que vá se deitar. Eu vou chamar um médico. Vai precisar de um calmante.

— Renata, não precisa! — respondeu Adelaide e, olhando para a filha, continuou: — Sempre bancando a filha boazinha, generosa, uma pessoa que não luta pelo que quer, nem pelo amado.

— Pare com isso, mamãe! O que está dizendo?

— Eu sei que você amava o Anderson e ele não tirava os olhos de você. Sabia que estava interessado em você, mas eu não permitiria isso nunca. Faria qualquer coisa para separar os dois.

Todos na sala ficaram perplexos com essa revelação. "O que estaria por trás das palavras de Adelaide?" — pensou Pedro Fausto e perguntou:

— O que quer disser com isso, Adelaide? Fale! O que você tem contra esse rapaz?

— Tudo! Ele vinha aqui na minha casa e me esnobava. Não queria a minha companhia. Só tinha olhos para Renata. Eu sou uma mulher bonita. Todos os jovens me desejam. Ele não podia me desprezar.

— Adelaide, o que você fez? Pedro Fausto agarrou a esposa e a sacudiu para que ela falasse. Adelaide conseguiu se soltar e gargalhando continuou:

— Eu o cercava a todo o momento nessa casa. Disse a ele que o queria para mim, o queria como meu amante. Sabe que ele respondeu? Que nunca faria uma coisa dessas, que não trairia o seu patrão e a sua amiga Renata. Desprezou-me.

Renata chorava compulsivamente, e Pedro Fausto estava abismado com as revelações da esposa, que mais lhe parecia uma estranha à sua frente, e começou a recordar. Anderson levava constantemente papéis para ele assinar em casa, mas de certo tempo para cá ele se recusava a levar, pedia para Waldemar ir no seu lugar. Eram papéis importantes que não gostava que fossem levados por outros funcionários. Eram confiados a Anderson, que era de sua total confiança. Agora compreendia a recusa, sua esposa o estava assediando.

— Adelaide! Você está louca! Louca! — gritou Pedro Fausto sentindo-se humilhado e envergonhado com a situação em que se encontrava. O que mais ela faria? Teria coragem de vingar-se de um inocente apenas por um capricho?, indagava para si; e olhando para a esposa segurou-a pelo braço fortemente para que ela sentisse dor e, berrando, perguntou:

— O que você fez a Anderson? Responda, Adelaide, se não vou machucá-la até me dizer — gritou, serrando os dentes.

Ela, sentindo muita dor, gritou:

— Pare! Eu conto! Fui eu que mexi nos seus livros. Mandei Júlio mexer nos números quando os livros estavam aqui. Ele é bom em falsificação. E para que tudo fosse real, dei o dinheiro do desfalque a ele. Quando estava tudo pronto, eu fiz com que desconfiasse de Anderson. Esse moleque precisava de uma lição, não se despreza uma dama como eu.

Pedro Fausto, perdendo a razão, fez menção de esbofeteá-la, mas foi segurado por Renata que aos prantos implorou:

— Por favor! Não faça isso! Já tivemos sofrimento demais por hoje. A mamãe não está bem. Por favor, não piore as coisas.

Ele, olhando para a esposa, percebeu que a filha tinha razão. Adelaide não parava de rir, risadas histéricas, estridentes. Suas feições denunciavam o estado de espírito em que ela se encontrava. De repente, ela começou a quebrar as coisas na sala; berrando, dizia:

— Eu te odeio, Pedro! Eu te odeio também, Anderson! Odeio todos vocês! Eu odeio essa casa! — gritava e jogava tudo o que encontrava pela frente na parede e no chão, rindo sem parar. Pedro Fausto conseguiu dominá-la segurando-a fortemente e gritou para a filha que chamasse um médico. Rapidamente, Renata discou os números e por telefone colocou o médico a par da situação. Ele se dispôs a ir imediatamente.

Nesse instante, em virtude do estresse da situação, Adelaide teve um surto e, por segundos apenas, a visão do seu passado lhe fez recordar. Voltou ao tempo do casarão, como Cintia, a esposa desprezada pelo fazendeiro Anderson. A traição dele desencadeando a sua morte, lembranças que fisicamente não suportou mesmo por segundos, ocasionando um colapso nervoso.

Pedro Fausto e Renata levaram-na até o quarto, tinha perdido os sentidos. Porém recuperava a consciência lentamente, e já se sentia mais calma. Mas dizia coisas desconexas que eles não entendiam. Ele a colocou na cama e, olhando para a filha, disse:

– Cuide da sua mãe. Eu preciso sair e resolver algumas coisas. Vou mandar Cida para lhe fazer companhia.

Renata apenas balançou a cabeça, entendo as ordens do pai. Ele desceu as escadas apressado, pegou as chaves do carro e saiu em disparada rumo ao hospital; queria conversar com dona Ita, se ainda tivesse tempo. No trajeto revivia toda a cena daquela tarde, não podia imaginar que a esposa fizera tudo aquilo. Será que ele como marido não a tratou bem e a amou suficientemente?, indagava. Sentia-se também culpado pelo sofrimento de Anderson. Todos diziam que ele era inocente, mas não acreditava. Como poderia imaginar que a esposa era responsável pelo desfalque? Perdido em seus pensamentos, não percebeu que já se encontrava em frente ao hospital.

Conversou com o médico responsável por dona Ita sobre as circunstâncias de sua visita. Entretanto, o doutor Honório foi taxativo: sua paciente internada na UTI não poderia receber visitas e qualquer emoção lhe seria fatal. Mas o senhor Fausto foi insistente, precisava vê-la. Mesmo receoso o médico consentiu a visita, porém, seria apenas de alguns minutos e ele ficaria junto para evitar qualquer contratempo.

Entraram no quarto acompanhados por uma enfermeira. Pedro Fausto, olhando para aquela senhora acamada sendo monitorada por aparelhos, se sentiu culpado. Ela era uma lutadora corajosa, mas estava inerte, jogada à própria sorte, pensou. Aproximando-se dela, sussurrando falou:

– Eu sei da verdade! Sei que seu filho é inocente. Vou tirá-lo da cadeia e, a partir de hoje, não medirei esforços para ajudá-los. Por favor, perdoe-me por persegui-los.

A paciente com as medicações e devido ao seu estado físico atual continuou imóvel na cama, entretanto, perispiritualmente ouviu tudo. Naquele momento, quebravam as algemas da indiferença e da dor que acompanhavam o casal há tempos. Nos olhos daquela mulher corajosa rolou uma lágrima em sua face já envelhecida, que passou despercebida por todos. O senhor Fausto segurou as mãos dela e a beijou respeitosamente e saiu acompanhado pelo médico, que pediu à enfermeira que continuasse cuidando da paciente.

Capítulo 27

A Fuga

Renata permaneceu com a mãe enquanto o médico a examinava; ele constatou que ela teve um colapso nervoso e necessitava de internação em uma clínica de repouso, para que o seu quadro clínico não piorasse. A jovem pensou um pouco, como tomar tal decisão sem a presença do pai, porém diante das circunstâncias e dos acontecimentos recentes, seria melhor fazer o que o médico sugeria. O casamento dos seus pais estava perdido já há bom tempo, percebera bem isso. Seria por uma ou duas semanas, dizia o médico, e certamente o pai concordaria.

Anderson recebeu a visita do seu amigo Jacinto; desde que ficou internado, ele vinha quase todos os dias. Permanecia apenas meia hora, mas sua presença amiga fazia muito bem a ele, que com as medicações estava fora de perigo.

Pedro Fausto saiu do hospital impressionado com a situação de dona Benedita; tinha por ela respeito, graças à dedicação junto às crianças desamparadas. No entanto, sentia certo receio, desconfiança e a sensação de se sentir traído por ela. Sentimentos difíceis de explicar quando se aproximava dela. Sentia em seu coração que todas essas impressões tinha se acabado, e agora permanecia o respeito e a admiração sinceros pela velha senhora.

Ele foi para o seu escritório; a maioria dos funcionários já tinham encerrado o expediente, apenas alguns permaneciam trabalhando, inclusive Waldemar. Pedro entrou silenciosamente em sua sala, abriu o seu cofre e lá estava o livro-caixa. Chamou pelo funcionário que veio imediatamente. O jovem olhou para a mesa e pensou: "Seria aquele o livro que tanto procurava?" Parecia que o seu patrão lera os seus pensamentos, explicando:

– Waldemar! Este é o livro que denunciava a fraude que houve na empresa. Acusei um inocente. Hoje descobri toda a verdade. Você tinha razão. O meu livro foi adulterado para incriminá-lo.
– Mas quem faria tamanha maldade?
– Infelizmente não posso responder. Quero que você se sente à mesa ao lado e examine cuidadosamente o livro até achar a fraude. Quero apresentar ao delegado e retirar a queixa contra Anderson.

Waldemar prontamente obedeceu e, eufórico pela notícia, sentou-se à mesa. Nesse instante tocou o telefone, Pedro Fausto atendeu; era a sua filha que relatava a situação da mãe e da decisão de interná-la. Ele concordou plenamente e explicou que não poderia retornar à sua casa, teria de ficar no escritório por mais algumas horas.

O taxista que conduzia Júlio queria levá-lo para o hospital, pois assim teria o atendimento de que necessitava para os ferimentos. O jovem recusou e pediu que parasse em um posto de gasolina, iria lavar o rosto. Ali mesmo dispensou o motorista. Preferiu ficar no posto, temia que o senhor Fausto o estivesse procurando na casa da tia. Esperou que anoitecesse. Seus pensamentos eram os piores possíveis, deveria ter aceitado a sugestão de Adelaide e matar o marido. Agora era tarde, mas não queria ser responsável por um assassinato mesmo sendo por uma gorda quantia. O que ele fez com Adelaide? Teria espancado-a também?, indagava. Perdeu os sentidos devido aos socos que recebeu e nada sabia sobre a amante. Sentia muita dor e resolveu passar em uma farmácia para comprar analgésicos e remédios para os cortes nos lábios.

Finalmente chegou ao seu destino. Sua tia assustou-se ao notar o rosto do sobrinho, todo edemaciado; quis perguntar o que havia acontecido, mas ele se recusou a responder. Perguntou a ela se alguém o havia procurado, a resposta foi negativa. Júlio se trancou no quarto; dona Carolina, preocupada e prestativa, ofereceu-lhe ajuda levando gelo e remédios para os curativos que ele mesmo disse que faria. Ela concluiu que devia ser uma briga sem maiores consequências, em virtude da recusa dele em explicar-se e de ir ao hospital. Não quis mais pensar sobre esse contratempo, tinha de cuidar dos preparativos do casamento da filha que se aproximava.

Júlio rapidamente arrumou as malas e queria saber notícias da amante, mas não poderia telefonar para a casa dela sem levantar suspeitas. Preferiu cuidar disso depois e continuou guardando suas coisas. Logo que terminou, chamou dona Carolina para comunicar:
– Tia! Estou indo embora!
– Mas para onde? E assim, tão de repente? – indagou, atônita.

— Vou voltar para a minha terra natal. Estou com saudades do lugar. Tenho uma reserva em dinheiro e quero começar de novo.
— Mas agora que está empregado? O que deu em você?
— Fui despedido, porque um dos funcionários me ofendeu. Eu revidei e acabamos brigando. Por causa disso, fui despedido.
— Mas por que não explicou quando chegou?
— Tia! Eu preciso ir – disse, decidido, sem responder o questionamento da tia.
— Virá ao casamento da sua prima?
— Não sei, tia! Tenho de ir, o táxi está me esperando.
— Quando você chegar à sua cidade, me ligue avisando.
— Sim, tia. Farei isso.

Júlio pegou as malas e saiu. Dona Carolina comoveu-se ao vê-lo partir, apesar dos problemas constantes que ele lhe causara. Gostava dele e temia por sua saída sem destino certo. Ele pegou o táxi e foi até a rodoviária. Nas imediações, encontrou uma conhecida sua que frequentava o mesmo bar, aproveitando sua presença pediu-lhe que fizesse um favor, do qual seria paga. Queria que ela ligasse para o número de telefone que ele lhe forneceu e se identificasse com o nome de Marisa, pois era uma das amigas de Adelaide que ele conhecia. Teria de ser convincente. Certamente seria Cida quem atenderia ao telefonema.

A mulher fez o ele lhe pedira e minutos depois trazia as informações de que necessitava. Adelaide estava internada em uma clínica de repouso. Diante do que sabia, o jovem pagou a mulher, que saiu sorridente. Não havia muitas clínicas como essa na cidade e seria fácil encontrá-la. Tinha certeza de que não a amava, mas preocupava-se, e frágil como deveria estar, conseguiria mais dinheiro dela – concluiu.

O jovem folheou a lista telefônica e pacientemente ligou para algumas delas até localizar onde Adelaide estava internada. Soube que ela passava bem e dormia naquele momento. Novamente chamou o táxi e dirigiu-se à clínica.

Minutos depois estava diante do portão da clínica; percebeu o movimento intenso de funcionários e pacientes entrando e saindo do prédio. Por instante esqueceu que estava com o rosto edemaciado e por isso chamava a atenção dos transeuntes. Desistiu da viagem e decidiu hospedar-se em um hotel nas imediações; pela manhã iria a um dentista, sentia muitas dores apesar dos analgésicos que tomou. Acomodado, deitou-se na cama e logo adormeceu. Seus sonhos eram conflitantes e angustiantes, acordou várias vezes na noite.

Anoiteceu e Waldemar ainda examinava o livro; o senhor Fausto não sabia se daria tempo de ir à delegacia e conversar com o seu amigo delegado. Decidiu telefonar e soube que ele faria plantão naquela noite. Seu funcionário poderia terminar a revisão com calma e cautela. Meia hora depois, Waldemar, eufórico, mostrou a fraude para o seu patrão. Minuciosamente, os amantes tinham falsificado os números. Determinado, Pedro saiu com o livro, enquanto o jovem iria à casa de Luciano contar-lhe os acontecimentos daquela noite.

Pedro Fausto, na delegacia, esperou pacientemente pelo seu amigo, que chegou uma hora depois. Sozinhos na sala, ele contou ao delegado todo o ocorrido daquele dia e como os amantes ludibriaram e acusaram um inocente; apesar de constrangido, nada omitiu. O amigo ouviu atentamente seu relato; era uma história surpreendente, mas sabia que ele era um homem íntegro e não mentiria. Assim, o senhor Fausto concluiu depois de muito falar:

– Agora gostaria de retirar a queixa contra o Anderson.

– Sim, farei isso! Vou chamar o escrivão para que arrume a documentação e depois passaremos ao juiz. Logo ele estará solto. Agora o que fará com a sua esposa?

– Não sei! Ela está internada em uma clínica de repouso, mas quando ela sair, não sei o que fazer. Não quero mais viver com ela, mas como pedir a separação? Estou desmoralizado perante os amigos, e pensar o que ela fazia e de como me traía. Tenho de pensar com calma o que fazer. Peço a sua discrição, amigo, neste caso.

– Fique tranquilo, Fausto! Não direi nada a ninguém. Há casos como o seu espalhados pela cidade, mas são quase todos abafados. Amanhã resolveremos tudo. Logo solto o rapaz.

– Gostaria que você me mantivesse informado.

– Sim! Fique tranquilo.

Pedro Fausto despediu-se do delegado à sua frente, sentia-se constrangido e ao mesmo tempo aliviado por dizer a verdade. Eles eram amigos de longa data, estudaram juntos desde a infância até a universidade. Depois cada um seguiu o seu rumo e se viam poucas vezes. Triste e cansado chegou à sua casa, a filha o aguardava. Conversaram por alguns minutos e depois ele foi se deitar. Renata conversou com o advogado por telefone e lhe contou sobre a fraude que o pai havia descoberto e que tinha retirado a queixa. Ele se prontificou a ir até a delegacia e providenciar a documentação de soltura. Garantiu que Anderson logo estaria livre.

Logo que desligou o telefone resolveu sair; apesar de sentir-se entristecida em virtude da situação dos seus pais, queria encontrar com os amigos e contar-lhes que o pai havia retirado a queixa contra Anderson. Diante deles contou os fatos importantes, como Júlio fora o responsável por fraudar os livros, mas omitiu os acontecimentos com os pais, não queria expô-los ainda mais. Todos os amigos estavam contentes pela resolução do problema.

Dias se passaram e Anderson já se encontrava liberto e recuperava-se ainda no hospital. Dona Ita, depois da visita do senhor Fausto, obteve melhoras significativas, porém permaneceu com sequelas em virtude do ao Acidente Vascular Cerebral; teria dificuldades com os membros inferior e o superior do seu lado esquerdo e dificuldades na fala. Faria várias sessões de fisioterapia para recuperar os movimentos parcialmente. Não recebia visitas, mas soube por meio do seu amigo médico que Anderson estava bem e em liberdade.

Júlio encontrava-se a espreita nos arredores do hospital; nesse tempo fez amizades com um dos funcionários e com isso conseguiu escrever um bilhete para Adelaide, que foi entregue por ele. O jovem a esperaria na portaria da clínica juntamente com o seu novo amigo, que foi pago para facilitar a fuga dela. Na madrugada seguinte, fugiriam, estava tudo preparado. Adelaide leu o bilhete atentamente, mas para a fuga, precisaria de certa quantia. Tinha dinheiro e joias em um banco que a sua família não sabia; no entanto, para abrir o cofre necessitaria da chave que guardava no fundo falso de uma gaveta em seu quarto. Teria de entrar em sua casa e se apossar da chave. Soube por meio da filha que o marido se ausentara em uma viagem de negócios. Era a chance de que necessitava para se apossar do objeto.

Na madrugada, os amantes fugiram com a ajuda do amigo de Júlio. Saíram rapidamente das proximidades do hospital. O táxi os levou ao endereço desejado. O veículo parou em uma rua próxima à casa dela. Esperaram calmamente para ter certeza de que Renata e a empregada dormiam. Sorrateiramente, Adelaide entrou em seu quarto e pegou a chave do cofre, e do mesmo modo que entrou, saiu.

O casal esperou impaciente o horário do expediente bancário, cada minuto era importante para a fuga. De posse das joias e do dinheiro, pegaram um ônibus rumo ao Rio de Janeiro. Adelaide levava consigo uma pequena fortuna em suas mãos e já tinha comprador para as joias, que os aguardava na capital. De lá comprariam um carro e seguiriam rumo à Argentina.

No hospital, o administrador foi notificado da fuga da paciente e teria de avisar a família. Renata recebeu a notícia com muita apreensão e não poderia avisar o pai, pois ele se encontrava em outra cidade a trabalho, e de difícil comunicação. Esperaria seu retorno.

Tão logo regressou da viagem de negócios, Pedro Fausto soube da fuga da esposa. Ele sabia que de alguma maneira Adelaide fugira com o amante e não havia como esconder esse fato dos amigos e da sociedade, teria de enfrentar essa situação vexatória. Era importante que o advogado tratasse logo da separação.

Capítulo 28

Final Feliz

Passaram-se três meses da fuga dos amantes; o senhor Fausto soube que fugiram para o Rio de Janeiro e, depois, nada mais. Apesar de tudo, Renata entristecia; não se conformava com a fuga da mãe, sentia saudade e queria saber onde ela se encontrava.

Anderson recuperou-se bem e, depois de um mês internado, retornou para casa. Jacinto arrumou-lhe um emprego na empresa onde trabalhava. Renata ia sempre visitá-lo, juntamente com Dulce, mas escondido do pai.

Luciano sentia-se cada vez mais apaixonado por Dulce e não conseguia esconder esse sentimento. Resolveu conversar com Anderson a esse respeito, que lhe incentivou a confessar os sentimentos à amada. Tinha certeza de que eles formavam um casal perfeito. Com a confissão do amigo, Anderson começou a refletir sobre os seus sentimentos, as visitas de Renata o faziam feliz. Era apaixonado por ela desde bem jovem, mas acabou se encantando por Christine, que foi a sua ruína. O assédio de Adelaide também acabou por minar esse sentimento que trazia em seu coração.

A meiguice de Renata e o seu sorriso fizeram ascender a paixão contida. Queria muito estar junto dela, mas havia um grande problema: o senhor Fausto. Ele não consentiria no seu namoro com a sua filha, sabia que ele era responsável pela sua liberdade e era agradecido por isso; há tempo não o via para agradecer-lhe pessoalmente.

Muitas vezes parou em frente à empresa dele, porém receava o encontro e retornava para casa. Naquela noite, mal conseguiu dormir pensando em Renata.

Luciano, aceitando os conselhos do amigo, foi para o casarão conversar com dona Ita a sós. Dulce nada desconfiou. Sentando em frente a ela, expôs seu sentimento pela jovem e a vontade de se casar. Dona Ita atentamente ouviu o jovem e, balançando a cabeça, concordou com o pedido. Tinha dificuldade no falar. Dona Ita mandou chamar Dulce e diante dela Luciano a pediu em casamento, confessando seu grande amor por ela. Os olhos dela brilharam; também se apaixonara por ele, mas tinha medo de não ser correspondida. Agora tinha certeza de que ele a amava. Esse era o dia mais feliz de sua vida.

Sozinhos na varanda do casarão, selaram o compromisso com um beijo apaixonado. Sentiam-se eufóricos, felizes. No dia seguinte, iriam escolher as alianças e se casariam o mais breve possível.

O senhor Fausto soube das visitas constantes de Renata à casa de Anderson. A vizinha do jovem contou-lhe tudo por telefone. Ele estava furioso, não gostaria que a filha se envolvesse com ele; queria que ela tivesse um futuro melhor casando-se com um empresário. Esperou-a para o almoço como fazia todos os dias. Renata chegou sorridente e, sentando-se à mesa, foi logo dizendo:

– Papai! Estou contente por Dulce. Ela vai se casar com Luciano. Já marcaram até a data.

– Ótimo! Luciano é um bom rapaz.

Houve um breve silêncio no ar. Renata deixou de sorrir, sabia que algo estava acontecendo. Sem rodeios, seu pai disse:

– Sei que anda se encontrando com Anderson. Vai à casa dele todos os dias.

– Quem lhe contou, papai?

– Isso não importa. Quero saber, por que vai à casa desse rapaz? O que quer Renata?

– Vou à casa dele, sim! Mas não vou sozinha, nem todos os dias. Dulce me acompanha todas as vezes que vou lá. O senhor sempre soube dos meus sentimentos por ele; se não sabia, desconfiava. Ele era a minha paixão desde a adolescência.

– Mas por que ele, minha filha? Há tantos rapazes da nossa sociedade que podem fazê-la feliz.

– Não, papai! Só ele me trará a felicidade. Por favor, papai! Deixe-me ser feliz!

O senhor Fausto pensou um pouco e em um instante refletiu: "Ele tinha sido tão infeliz; por que desejar isso a ela? Era responsável e sabia o que queria".

– Está bem! Não serei um obstáculo à sua felicidade. Você sabe se ele corresponde aos sentimentos?

– Não sei, papai! Às vezes eu acredito que sim, quando ele me olha. Dulce acha que ele está apaixonado por mim, mas não sei.

Ele levantou-se da mesa e abraçou a filha carinhosamente, passando as mãos sobre os seus cabelos, argumentou:

– Quero que seja muito feliz. Isso eu desejo de todo o meu coração.

Renata nada disse, apenas permaneceu em silêncio sentindo os afagos sinceros do pai.

Três semanas depois, na casa de Luciano estava tudo preparado para o noivado. Seria um jantar simples que reuniria: seu pai, os parentes mais próximos, dona Ita e os amigos mais chegados. Logo chegaram os convidados, um a um. Eles foram surpreendidos pela visita do senhor Fausto, que vinha acompanhado de dona Ita. Renata não compreendia sua presença, mas sentia-se feliz mesmo assim, vendo-o ali reunido com os seus amigos.

No auge da festa, quando os noivos colocaram as alianças simbolizando o noivado, Anderson aproveitando o momento esclareceu, chamando a atenção de Renata:

– Eu falei com o seu pai hoje à tarde, fui ao escritório e conversamos longamente. Pedi a ele que viesse a este jantar.

Renata sorriu e a explicação de Anderson deixou-a curiosa. Ele continuou:

– Quero que seu pai, todos os meus amigos e minha mãe Ita que aqui está sejam testemunhas do que vou lhe dizer.

Anderson pegou uma pequena caixa no bolso e, abrindo, mostrou a Renata. Era um lindo par de alianças e, olhando para ela, declarou:

– Eu te amo! Você é a razão da minha vida. Quero me casar com você. Quer se casar comigo?

Todos na sala ficaram impressionados, e um sonoro "ô" ressoou no ar. Renata, impressionada e também emocionada, mal conseguia falar; emudeceu por instantes. Anderson insistiu:

– Farei tudo para que seja feliz ao meu lado. Eu te amo! Quero que se case comigo!

– Sim, eu aceito! Serei a mulher mais feliz.

Apaixonados e na presença de todos, trocaram as alianças firmando o noivado. Dona Ita chorava emocionada. O senhor Fausto apertou a mão do noivo e disse:

– Quero que sejam felizes. Hoje eu estou em paz.

Todos, reunidos, jantaram entre conversas e risadas. Os noivos marcaram a data do casamento. Seria uma cerimônia dupla, os dois casais se casariam no mesmo dia e horário.

Naquela tarde, quando Anderson tomou coragem e foi ao escritório do senhor Fausto, frente a frente os dois homens puderam dialogar. Anderson sabia de toda a verdade. Renata lhe contou tudo. Diante do ex-patrão, quis desculpar qualquer resquício de amargura que tivesse ficado. O senhor Fausto fez o mesmo. O jovem aproveitou o momento e confessou-lhe o amor que nutria por Renata e o desejo de se casar com ela. Ele concedeu-lhe a permissão do pedido de casamento à filha e o convidou para retornar à empresa.

No primeiro momento Anderson recusou terminantemente, pois não ficaria bem trabalhar na empresa do futuro sogro. Pedro Fausto insistiu; o jovem era uma pessoa de confiança, teve comprovação da sua honestidade. Um dia teria de deixar o seu patrimônio e seria melhor deixá-lo à filha e ao genro, que conhecia bem a empresa. Tiveram uma longa conversa e, por fim, Anderson aceitou o emprego na fábrica. Combinaram o pedido de casamento na casa de Luciano, o que ocorreu como planejado.

Christine e Fábio casaram-se e foram morar em uma bela casa, porém o sonho e a fantasia duraram apenas seis meses. Logo começaram as brigas do casal. Fábio deixava a sua esposa em casa e saía com os amigos para noitadas, só retornando alta madrugada. Ela percebeu do modo mais difícil que o dinheiro e a posição social que tanto sonhara não lhe traziam a felicidade que desejava; com o passar do tempo, o marido lhe desprezava. Para a sociedade e para a sua mãe, parecia um casamento feliz, ledo engano.

Quando Christine soube do noivado de Anderson e da amiga, foi procurá-lo; queria que desistisse da união. Confessou-lhe que era infeliz com o seu marido e gostaria de tê-lo de volta para um relacionamento extraconjugal. Anderson recusou e sutilmente a mandou embora, da sua casa e da sua vida, e lhe disse que tudo tinha sido um grande engano e nada sentia por ela. Christine saiu desolada e chorando muito.

O dia tão esperado pelos casais finalmente chegou. As noivas estavam radiantes e felizes; os noivos, nervosos, esperando no altar. Renata foi conduzida pelo seu pai e Dulce, por Jacinto. Foi uma bela cerimônia religiosa acompanhada de familiares, amigos e de dona Ita, que chorava emocionada.

Apesar do que a mãe lhe fizera, Renata sentia saudade. Adelaide lhe escreveu algumas cartas sem nunca mandar o endereço de onde se encontrava, ela as lia escondida do pai. Era a sua mãe e a amava, apesar de tudo; gostaria que tudo fosse diferente, mas sua mãe escolheu a vida que levava e nada poderia fazer para mudar isso.

Adelaide, ao refugiar-se na Argentina com o amante, gastou todo o dinheiro que levou consigo nos cassinos. Viviam de pequenos golpes, soube do casamento da filha, e por segundos arrependera-se de tê-la deixado. Mas a noite era convidativa e esse era o modo de vida que gostava de levar. A agitação noturna a fascinava. Preferia festas, bebidas e diversão.

Quando o dinheiro ficou escasso, Júlio a abandonou. Ela mesma o mandou embora. Ele retornou para o Brasil e desencarnou assassinado em uma briga em um bar, por causa de uma mulher. Adelaide permaneceu na Argentina onde vivia de pequenos golpes e nos cassinos. Constantemente era presa, ficou conhecida na noite e pela polícia local. Acabou tendo um fim trágico, sendo esfaqueada por uma mulher da noite como ela. Foi oferecido amparo a ambos no socorro ao desencarne, mas recusaram qualquer ajuda dos Amigos Espirituais e se aliaram a outros grupos de desencarnados que comungavam com os mesmos pensamentos.

No orfanato, a vida continuava normalmente. Luciano, depois do casamento, foi morar com Dulce no casarão, e ia todos os dias trabalhar na oficina do pai enquanto ela continuava suas atividades diárias.

Waldemar mudou de cargo na empresa e assim pôde se formar em uma universidade; tempo depois também se casou, mesmo assim não abandonou sua mãe, que morava com o casal e os netos. Ajudava cuidar deles com muito carinho e dedicação.

Dulce em suas atividades no casarão era ajudada por Renata, Anderson e Jacinto, que vinham todos os fins de semana, e também auxiliavam nos trabalhos para angariar fundos para o orfanato.

O senhor Fausto fazia constantes propagandas de ajuda para a casa de caridade e conseguia vestimentas, alimentação e materiais escolares para as crianças. Todos trabalhavam com perseverança e devoção, apesar da tristeza da falta física que fazia dona Ita, pois desencarnou quatro anos depois dos casamentos dos filhos.

No Plano Espiritual, ela, juntamente com os Amigos Espirituais, cuidava da instituição, que com o tempo foi crescendo e ajudando crianças órfãs a ter um lar, educação e amor daqueles que sinceramente se dedicavam a fazer o bem.

Assim devemos prosseguir na trilha do conhecimento de nós mesmos. Errando, acertando, caindo algumas vezes, levantando em toda as quedas. Compartilhando com aqueles que caminham conosco: esperança, afeto, dedicação e confiança nos momentos que se seguem, porque cada dia deve ser para todos nós simplesmente uma vitória.

Este livro foi composto em Times New Roman, corpo 11,5/13.
Papel Offset 75g
Impressão e Acabamento
Graphium Gráfica e Editora — Rua Jose dos Reis, 84
— Vila Prudente/São Paulo/SP
CEP 03139-040 — Tel.: (011) 2769-9056 —
e-mail: vendas@graphium.com.br – www.graphium.com.br